「いいね」と「コスパ」を捨てる
新しい生き方のススメ

日本、ヤバい。

NIPPON YABAI
Morley Robertson

モーリー・ロバートソン

文藝春秋

日本、ヤバい。

「いいね」と「コスパ」を捨てる
新しい生き方のススメ

目次

まえがき

今、世界の枠組みが不安定化しています。大きくは国際秩序が流動化し、小さくは一人ひとりの日常が変わっていっています。その中ではごく普通の人、大きな夢を見ない人、安全牌を取りに行くまじめな人は次第に選択肢が減少し、経済的にも下落圧力がかかってきます。つまり凡庸な人は、生きづらい。今生きづらいし、これからますます生きづらくなっていく。ただ逆に自分をとことん信じることができればどんな夢だってかなりの確率で実現可能。自分だけが持っている輝きを理解してくれ、わかってくれる人は世界のどこかに必ず、相当数いる。「安全安心な退屈」はもうなくなったけれど、冒険する人にはさまざまな奇跡が待っている時代でもあるのです。

違いを生むのは、出会いときっかけです。自分の中でスイッチがオンになれば、アップ・アンド・ダウンにもひるまない。失敗した経験や悔しさがそのまま成功の原資となってくれる。息が切れず、スタミナがあるから学習が無期限に続く。さてそのスイッチをオンにするのは何か？

私の場合、一九八〇年に富山の片田舎のライブハウスで出会ったパンク・バンドでした。国際結婚の家庭に生まれ、何度もアメリカと日本を行き来するうちにしんどさが限界に達し、学校に行く気にもならず、なんのためにこんなことをやっているんだというところまで追い詰められていた自分。それが伝説の一夜となるパフォーマンスに出会い、電流で打たれ、魂に届きました。広島の男子校で「ハーフの不良」とレッテルを貼られ、退学させられて母親の実家がある富山県に流れてきた自分はそのライブによって生まれ変わり、猛勉強し、東大に合格。ついでにハーバード大学ほかいくつものアメリカの名門も総ナメで合格。ざまあみろ！　時の人になり、東大に入学。その半年後には東大をばっくれ、日本を飛び出し、大海原の向こう、アメリカへと船出し…そしてまあ、撃沈しました。しかしそこまでの紆余曲折ですら、まだ序章 of 序章だったのです。アメリカでは作曲家にも詩人にも魔術師にも活動家にも出会いました。恋人もできました。別れて次の恋人ができました。その次の恋人と、その次の恋人と、その次の恋人も。

東大では理科一類に合格したのでアメリカでも電子工学の方面に進むかな、と思っていたら電子音楽に転じ、最終的にはストップモーションで粘土やオブジェを動かすアニメーションを提出して学位を取得、大学を卒業しました。ハーバードをです。

やることをやって、クラッシュもしました。メンタルが疲れ切って、もうだめだというほどに。胃炎で倒れて自宅療養しました。カウンセリングに行っていっぱい喋り、喋りすぎてカウンセラーから「もう黙って」と言われました。それでも「いやまだ言い足りない」と喋り続けました。その勢いのまま三年後、東京に戻ってFM放送局J－WAVEの深夜番組でラジオデビュー。そこから六年半、伝説の深夜番組を世に放ちました。火がついたように喋り続け、黙ることはなかった。それまでのすべてが言霊へと濃縮され、電波に乗って何十万、何百万の人へと届きました。自分のスイッチを押してくれたバンドのように、今度は自分が大勢のスイッチを押したのです。

ただ、伝説を生み出す者は、そのツケをも払う定めにあります。番組が終了した後、危なすぎる、協調性がなさすぎ、先を行きすぎ、前衛的すぎてわけわからなすぎ、ということでほぼ無職の数年間が待っていました。永遠の少年で居続けようとがんばり続けましたが、次第に時代の変化に追いつかれ、日本社会が不安定になりゆくタイミングで政治にも巻き込まれました。数々の追放、降板、炎上、経済クラッシュを繰り返しながら、汚れた屈辱の真っ只中で活路を見出し、再び栄光をつかみ取ることも度々。しかし栄光のすぐ後には次の試練と敗北、辱めが待っていました。もう朝ご飯に戦いを食べに行く日々になっていました。

そこで今、言いたいことがある。世の中はおもしろいんだよと。なせばなるね、今っていう時代は本当に。涼しく生きるのか、ぎらぎら生きるのか、この本を読んで決めてくれていいと思ってる。読む前に先にあなたにお聞きしておきます。あなたはどうしたいんですか？と。

もしこの本を最後まで読んだなら、またこのページに帰ってきてください。

どう？　少し見えてきた？　今、どんな気分？

そんな本です。世界に向けた窓をこれから開きますのでヘルメットと酸素ボンベをご用意ください。

カバー写真 — Takanori Okuwaki (UM)
装　幀——中川真吾
構　成——碇本学

第1章

激化する世界情勢

欧米の若きZ世代は「環境問題」「労働問題」「基本的人権」を
第一に考えて積極的に行動しています。

2023年10月ロンドンにて、化石燃料への抗議活動を行うスウェーデンの若き環境活動家、
グレタ・エルンマン・トゥーンベリさん。写真提供: Vuk Valcic／ZUMA Press Wire／共同通信イメージズ

日本の一人あたりGDPはG7の中で最下位

かって日本の生産性は世界でもトップクラスで、一九九四年には全世界の総生産の19％に達しました。しかし、バブル期のピークから日本の生産性は三十年かけて他国にどんどん追いつかれ、追い抜かれてその順位は滑り落ちていきました。直近ではGDPが四・二兆ドルとなり、ドイツに追い抜かれて世界三位から四位に後退しました。さらに日本の一人あたりの名目GDPは二〇二二年の時点ですでに先進七カ国（G7）では最下位、OECD加盟三十八カ国中二十一位にあたる三万四〇六四ドルへと転落しています。

ちなみに二〇二二年の一人あたりGDP世界一位はルクセンブルクで十二万四五九二ドル。ルクセンブルクは人口六十五万人の小国家でフィンテックとスタートアップが百花繚乱です。フィンテック（Fintech）とは、Finance（金融）とTechnology（技術）を組み合わせた造語で、従来の金融サービスと技術を組み合わせた領域のこと。スマホ決済や仮想通貨などがその例で、利用者目線でサービスの「安い・早い・便利」などを実現していく動きを言います。

日本在住の韓国人起業家の金子明広氏が創設したクレジットカードセキュリティー「APS（ACTIVATION POWER SYSTEM）」はルクセンブルクのインキュベーション施設を拠点として立ち上がりました。グローバル市場を狙うため、日本で構想した事業が同国にお引っ越しをしたわけです。また、ルクセンブルク政府は宇宙資源開発の新組織「宇宙資源イニシアティブ」を立ち上げており、今や宇宙進出も射程距離に入っている状態になっています。

一方、日本に目を向けてみましょう。生産性がトップクラスだった一九九四年から三十年が経ち、もはや三年先すらどうなるかわかりません。全体的に見通しが悪く、大多数の日本人はお金に対して強い不安を感じているのが現状です。ＮＩＳＡなどの投資をやれば、老後の資金がなんとかなると巷では言われているようですが、ＮＩＳＡですか…。月面を目指せるようなふわっとした期待感は、この生活環境ではなかなか抱けるものではありません。

私たちの生活において、一つ大きく横たわっている不安の要因は、他国と比べても時代遅れのズレたままの古い労働環境です。日本では極端な少子高齢化が進んでいった結果、全体のパイが縮み続け、数十年後には国として存続するのか、日本語を話す人口をそもそも維持できるのかという課題があります。しかし、経済界は今も一九八〇年代の「昭和マインド」の終身雇用制によって正社員を守ろうとしています。とにかく現状維持で調整し続ければまた新たな風が吹くさ、と言わんばかりです。「中国の特色ある社会主義」にならって「日本の特色ある資本主義＝Capitalism with Japanese Characteristics」とでも呼び替えたくなる終身雇用ですが、これを成り立たせるためには誰かにそのツケを回す必要があるのです。

ことさら「失われた三十年」と呼ばれる平成不況をもろにかぶることになった現在の四十代と五十代の「就職氷河期」の人たちの多くは、一度も正社員になれないままで老いが進行しています。
「就職氷河期」以降には正社員を減らして契約社員を増やしたこと、「働き方改革」の名のもとに個人事業主との契約へと変えていったことなどで不安定な非正規が増えていくことになりました。その改革、つまりルール変更によって正社員の経済的なセーフティネットは確保されました。しかし一方で契約社員や非正規ワーカーのそれは非常に脆くなり、同世代の中でも格差が生まれてしまいました。さらに今の若い人たちは、上の世代よりも借金漬けに陥りやすくなる環境の中にいます。

私たちの身近なところだと、アマゾンやウーバーイーツなどのデリバリーをやっている人たちが一方的に契約条件を改悪されてしまっても、個人（名目上は個人事業主）と企業間での契約になっているので、自分たちの労働環境を守ろうとする集団交渉や訴訟を起こしにくい構造にもなっています。

かつて百年前の日本の若者は劣悪な環境で働かされて、じん肺や結核になって死んでしまう人も多くいました。その時代と比べると現在はそこまでひどくはないと見えてしまいがちです。
「うつ病になったとか寝つきが悪いとか、ワープアだ、生きづらさだ、ガタガタうるさい。肺に粉じんが溜まっているわけじゃなし、甘えるな。仕事とは生きることそのものである。二十四時間三百六十五日、死ぬまで働け！」と言われそうです。「何をバカなことを」とあなたは言うかもしれない。でも、かつて実際に「二十四時間三百六十五日、死ぬまで働け」と書かれた冊子が社員に配られた会社があったんです。

「若者の相対的な貧困」「労働環境の過酷さ」「機会損失」という問題が社会全体で共有されておらず、そもそも起きている問題が見えにくくなっています。世代による縦の分断が問題を隠してしまう壁にもなってしまっているのです。

デリバリーの仕事はウーバーイーツなどのギグワーカー（単発の仕事を請け負う人。インターネットを通じてオンデマンドで仕事を受注し、収入を得ている労働者を指す）であれば、スマホでサービス元の会社と契約をします。スマホ画面で「同意」ボタンをタッチした時点で、すぐに働けるという特典と引き換えに、その仕事の現場で被る不利益や不公平さのリスクを引き受けることになります。そして、自分の権限や可能性を明確に知らされないまま、あるいは深く考えないまま大企業や資本に有利な契約をしてしまうことになります。しかし、そのことは自分から積極的に調べなければ見えにくいものです。

そのカラクリは単純です。電子レンジを使って何かを温めることは誰にもできますが、なぜレンジに入れてスタートボタンを押すと食品が温まるのかという原理を理解している人はほとんどいません。同様にギグワークの雇用システムはサクサクと回るのですが、中で何が起きているのか、働き手と雇用主は一体どういう力関係にあるのかが見えにくいように設計されています。誰もが便利で簡単に利用できる一方で、その内実については考えさせないようになっているとも言えるのです。

昭和的な価値観で「仕事はそんなもんだ。気合いがあればなんとかなる！」だとか「俺なんかもっとひどかったんだから、根性を出せ！」「飲みにも行かないのか。車も欲しがらない、家も建てたくない、結婚もしたくない。どうしたいんだ？」といった上の世代の言葉はネット上やマスメディア、あるいはリアルな日常でよく聞こえてきます。しかし、それらにはほとんど意味がない。オヤジの皆さんの自己満足でしかなく、頓珍漢なマウンティングにしかなっていないのです。

親世代やさらに上の世代の叱咤激励は今の若者には意味がありません。ほぼ、役に立たない。もう、社会と資本主義の構造が昭和とはまったくの別物だからです。違う世界でしか適用しないマニュアルを元に、ドヤ顔で言われたところで響かず、立場が保証された年長者から若者へと押し付けられる根性論にしか聞こえません。

グローバル化した社会の変化に鈍感な人たちは何が問題かすらわかっていない。特に圧迫されている人ほど、貧しい人ほど問題意識を持っていないことが多い。もしかするとこれを読んでそんなこと知らなかった、聞いたこともなかったという方はおられませんか？　そんなあなたに向けて、私はまず何が問題なのかをこれから提示していきたいと思います。

キーワード❶就職氷河期

一九八九年十二月の冷戦終結を境にグローバル化が世界中で進展したことで、価格競争の激化・技術革新による世界的な労働構造変化が同時期に起こった。日本でも新卒に対する有効求人倍率が低水準になり、主にバブル崩壊後の一九九三年頃から二〇〇五年頃に学校を卒業・就職活動をしていた年代を就職氷河期世代という。

受け身で仕事をする必要はない

デリバリーをはじめ、非正規や雇用関係を結ばない短期的なギグワークで働いている人たちは、構造的に弱者と呼ばれる位置にどんどんと押し流されていっています。気づかないうちに急な勾配にさらされ、同じ生活水準を維持するためには他の人よりも「1・5倍」以上がんばるしかない。そんな人たちが少ないパイを奪い合う状況に置かれ、ますます疲弊していきます。また、不当な労働環境に陥りやすくなってもいます。

もし仕事先で理不尽な目に遭ったら、私からのアドバイスは、「弁護士に話をしろ、そして戦え。戦って勝つためにはなるべく書類やエビデンスを揃えておけ」ということです。

特に個人事業主扱いになって仕事をしている人は、はじめから立場が不利です。企業を相手に個人で立ち向かってもほぼ勝てません。だからこそ弁護士にちゃんと話をして自分の権利を理解し、取れるものは取り返してください。相手側の企業はあなたが弁護士を雇ってくるとは、まず考えていない。つまり舐めているのですから、まずは「出るところに出る用意がある」というメッセージを送りましょう。経験上言わせてもらうと、不意打ちのタイミングが一番有効です。

とは言っても非正規労働で明日の支払いもカツカツなのに、弁護士に依頼するお金なんてない。そう思って、頼む前に泣き寝入りする人が非常に多いのも現実です。それこそが企業の思う壺というやつなんです。

「煩わしいことになるぐらいなら、次の仕事を探して私ががんばればいいんだ」と、方向性の間違ったポジティブ思考で動いてしまう。「問題が起きているのは私が悪いんだ」と思い込まされていることにまず違和感を抱いていい。気づくことが第一歩。その先で一点突破が可能になります。

企業も警察もけっこう単純な面があります。どちらも面倒が嫌なのです。弁護士が間に入るだけで企業は対応をかなり変えてきますし、思ったよりも時間がかからずにスムーズに解決に向かうことが多いんです。補償がもらえる場合も多く、弁護士費用はその補償で賄える安さだったりします。

企業対企業ではそう簡単にいかないことでも、個人対企業の場合、弁護士を入れると問題解決の可能性は圧倒的に上がります。昔、芸能界の裏街道を行くプロダクションの社長に入れ知恵されたことがあります。

「事務所は芸能人とトラブった時には、とりあえず相手が怒って『辞めてやる！』と席を蹴って出ていくのを待っている。でも弁護士を立てると手の平を返して和解したがる。裁判になって『あそこは問題がある』と勘ぐられるのが一番いやだからね。弁護士を立てただけで半分は返ってくるよ」

芸能事務所も企業も同じで、必要以上に勘ぐられたくないのです。そこが彼らの弱みということを覚えておきましょう。

読者の方がこれからの人生において生き残るだけでなく、輝きたければ、そこには得てして「戦い」が待っている、という心構えが必要になります。争わないのが一番ですが、いざ戦いの真っ只中に放り込まれた時にどうするのか？　その時に備えて「まず弁護士に相談する」ということだけ覚えておいてください。

現在の自分が置かれている立場や状況自体が不利であることを自覚していない人も多いんです。仕事なんてこんなものだ、と割り切ってなんとなく日々を過ごしている。そもそも考えてこなかったし、特におかしいとも思っていなかったりする。

自分の境遇が不利なのは学歴がないから、あるいは特別な能力や資格を持っていないから。あるいは単に自分が人間として弱いから。そんな風に多くの人はこの社会、システムの中で思い込まされているんです。

「望ましいものが自分にはない、あるいは足りない」という劣等感をうまく使って、あなたを酷使するルールが正当化されている。酷使されているあなたがおかしいんじゃなくて、そもそもこのルールがおかしいのだということを私はまず伝えたい。

劣等感や無力感はそもそもあなたの中にあるものではなく、社会や集団などの外部によって植え付けられるものです。言ってみれば、社会システム全体があなたの目覚めを妨げようと仕掛けてきている。視点を変えて見るなら、この世の中の仕組み自体がゲームのようになっている。気がつかず、疑うことがなければ社会から弄ばれるままです。

ただ、あなたは無力なプレイヤーではないのです。このゲームの中からシステムそのものを攻略し返せばいい。社会の仕組みやシステムによって人為的に創り出された評価基準は、こちらからも同等のツールを使ってハックすることができ、攻め返すことができます。実は、勝機があるのです。

個人の可能性を阻害して劣等感を植え付ける社会システムや構造はずっと前から存在しており、そのため本来であれば手を繋ぐべき人たちが手を繋げない、協力して現状を変更することがなかなかできません。

こんな例をお話ししましょう。東大をはじめとした名門大学で博士号を取ったにもかかわらず、研究とはまったく関係のない仕事をしているオーバードクターの人たちがいます。硬直した学術システムが維持され、基礎研究にはお金が回らない日本の大学システムでは、雇用先が年々不足しています。また、子どもの頃から遊びにも行かずに机に向かって一心に勉強をし続けたために、他者とのコミュニケーションなどの社会的スキルが乏しく、アカデミアの外ではうまく働き口に出会えない人も一定数存在しています。彼らは一律のルールに則って競争を続け、ずっと努力をして結果を出し、学歴を摑み取ってきたこの国のエリートと呼ばれる人たちです。その大多数は男性であり、子どもの頃から特に母親に期待（溺愛）されて、他の兄弟姉妹に比べても優遇されてきた精鋭たちと言えるでしょう。そこまで上り詰めたにもかかわらず、就職ができないため実社会の出世レースに取り残されてしまっていることを自分から認めるのはかなり難しい状態です。

私からすれば、そんなオーバードクターの彼らもデリバリーで怪我をして解雇される人も、まったく同じ境遇だと言えます。しかし、学歴が高い彼らはプライドも比例して高くなりがちで、学歴のない人たちを下に見ていることが多々あります。また、デリバリーの人たちはエリートを見ても自分とは違う境遇の人たちだとなってしまう。本来ならば手を繫いで連帯すべき境遇同士なのに手が繫げないのです。実はその反目も資本や大企業にうまく利用されています。

これが本当の「陰謀」とは言えないでしょうか。オーバードクターで職を得られずにコンビニの店長になった結果、毎月百二十時間の残業が続いている人がいたら、ギグワーカーの境遇とかなり重複する部分がある。しかし、お互いに出会うきっかけも話し合うきっかけもほとんどないのが現状です。

別の角度から考えてみましょう。今さまざまな環境において辛い思いをしている人たちの多くは「とにかく今を乗り切ろう」と自分を追い込んでしまっています。彼らは余裕がないので「このしんどさの原因であるルール、おかしくない？」と立ち止まって考えることができません。

だからこそ、一度立ち止まって振り返ってほしい。あなたが考えることを放棄してきたこと自体が、この歪んだ構造を支えており、再生産してきたことに。自分自身が問題の一部となって、問題に加担していたということに。どちらかというと被害者であるにもかかわらず、責任を取る主体として資本や企業に誘導されていたのではないか。そして何よりも、同じような境遇や辛さを抱えていてちゃんとやれていない人を見たら「そんなこともできないのかよ」と見下してはいませんでしたか？

つい最近まで守られた立場でいた者が弱者へと転落して他の弱者に怒りを向け、細切れになったクラスター同士でせめぎ合う。「自己責任」というフレーズをメディアが広め、政治や社会や経済システムの問題ではないような認識を植え付けてしまったことも、この悪い状況を後押ししてしまいました。

だから、今苦しんでいる人に私から言えるのは、あなたは悪くないということ。この社会システムや構造が悪い。というか、うまく機能しておらず、たぶん設計ミスがあるのです。

キーワード❷自己責任

二〇〇〇年頃にアメリカ流の新自由主義的な考えが日本に入ってきた際に、セットで取り上げられたのが「自己責任論」。この言葉は日本では特に非正規雇用において使われることになった。職業選択の自由の中で非正規雇用を選んだ結果に対する責任は本人にあり、正社員になれなかったのは努力を怠ったためだと言われた。実際にはバブル崩壊とグローバル化の影響を受けたせいだったが、新自由主義的な発想として広がっていった。

世界各国で加速する格差

お笑い芸人でコラムニストであるプチ鹿島さんの調査によれば、「自己責任論」は二〇〇四年、渡航自粛を呼びかけられていた激戦地のイラクにそれぞれの思いや志で入国した三人の邦人が武装勢力に拘束され、人質になった際に政治家が口にしたことで世間に広まったそうです。

二〇〇四年四月九日の『読売新聞』夕刊の記事の中で、当時環境相だった小池百合子氏

（後の東京都知事）の以下のような発言が伝えられました。

小池環境相は「（三人は）無謀ではないか。一般的に危ないと言われている所にあえて行くのは自分自身の責任の部分が多い」と指摘した。

これに対しプチ鹿島さんは、文春オンライン（二〇一八年十一月二日）のコラムで「新聞を見る限り、政治家として最初に被害者の『自己責任』に火をつけたのは小池氏だった可能性が高い」と推察しています。その後続々と「自己責任」がキーワードとなる記事が出ました。『毎日新聞』の「『身勝手』か『不屈の志か』」（二〇〇四年四月十七日）も、解放直後の四月十六日の政治家の発言をまとめています。

「帰国して、頭を冷やしてよく考えて判断されることだと思います」（福田康夫官房長官）
「救出に大変なカネがかかったが、誰も把握していない。7日間徹夜の努力をしており、（額を）国民の前に明らかにすべきだ」（公明党・冬柴鉄三幹事長）

危険を承知でイラクに渡航し、人質となって外務省や現地関係者の努力に身代金を添えて解放された後、記者会見で自衛隊のイラク派遣や日本政府の対米追従を批判した三人にはネット上で猛然とバッシングが浴びせられました。

スウェーデンの若き環境活動家であるグレタ・エルンマン・トゥーンベリさんは世界的に有名ですが、彼女と同世代の欧米の若者たちは、「環境問題」「労働問題」「基本的人権」を蔑《ないがし》ろにしている大人社会へ強い抗議の声をあげていることで知られています。

特に先進国では若い人たちの社会的・経済的なチャンスがギグ（ネットで見つけた仕事を請け負う働き方や、その働き方によって回っている経済活動）化したことで、搾取の構造がより深刻なものとなって、彼らの選択肢が著しく制限されてしまっているという現実があります。没落していく中産階級だけではなく、貧困が世代間で世襲される「下層階級」とも言える人たちに依存する仕組みで、現在の私たちのQOL（クオリティ・オブ・ライフ）は成り立っています。まず、そこから目を逸らさないで、とグレタさんたちは訴えています。

この問題は国境も容易に越えます。世界中が中国の安い人件費や資源に依存していることによって、香港や新疆ウイグル自治区の人権問題について日本はもちろん、アメリカやEUもが表立って文句を言えずにきたダブルスタンダードにも繋がっています。

トランプ政権になって中国をスケープゴートにするべく、アメリカはやっと中国の諸問題をあげつらうようになり、バイデン政権に代替わりしても中国の軍事拡大や人権抑圧と対決する姿勢が超党派で堅持されています。しかし、時すでに遅しという側面もあり、グローバル化で推進された過剰な中国依存は日本国内やアメリカ国内の搾取の構造に跳ね返り、かえって格差を加速しています。つまり中国人の安い労働力を便利使いしてきたつもりだったのに、日本人が自分たちの賃金を下げてしまった、というブーメランです。

さらには、ロシアのウクライナ侵攻に対して西側諸国は団結し、強い経済制裁を課すことができましたが、中国が例えば台湾侵攻をした場合、足並みが揃わない可能性があります。中国に一度投資して、その果実に依存してしまったことには、各国が頭を悩ませています。

現在進行形で言えば、中国は不動産バブルが崩壊して経済が落ち込み始め、若者の失業率も高止まりしています。さらに「ゼロコロナ」政策も事実上失敗し、若者の抗議に押される形で突如打ち切られました。コロナ後も経済はV字回復を果たせていません。その政策の失敗を糊塗すべく習近平体制はますます独裁を強め、言論統制や報道規制が敷かれるようになりました。台湾侵攻の可能性もこの経済の失速に連動しています。

内向きに密閉された体制の中で、中国人の中産階級も没落が急速に進んでいます。その一つの「症状」として、メキシコとアメリカの国境からアメリカに不法入国して亡命申請をする中国人が二〇二三年には三万七千人を超えて、前年比十倍になったとされています。先進国でも発展途上国でも資本主義はうまく運用されていないのですが、強権的な途上国ではより手に負えない状態になりつつあります。

ここでもう一度、日本国内のデリバリーの仕事をしている人たちに目を向けてみましょう。

効率よく大量の数をこなさないとお金にならないため、配達員たちはテキパキと短時間で作業をしようと動いています。たとえ仕事がしんどくても自分でやると決めたのだから、とにかくがんばる。しかし心身共にコンディションもいつも同じではなく、天候によっても大きく左右される。またさらにがんばる。そして次第に燃え尽きていく。その裏で日本経済の「構造改革」が進んでいくとギグワーカーがさらに増え、同じデリバリーの仕事をするライバルは増えていき、パイを奪い合うことに。今年より来年、稼ぎが減る。こんな流れも見えます。それでもギグワーカーたちは「あなた次第でいくらでも稼げます」「すきま時間で稼ぎましょう」という言葉をどこかで信じ続けている。いや、信じたいのかも。

できなければ、それはそれで自己責任。この契約自体がおかしいと思って声を上げたら、「じゃあ契約しなくていいですよ。代わりはいくらでもいますから」と言われて終わってしまう。簡単に始められる契約はふとしたことで簡単に終わってしまう。そもそもスマホ画面で「同意」ボタンを押した自分の責任とされ、労働環境の改善には進みにくい構造が最初から用意されているのです。

「面倒なこと」を考えないのは確かに気が楽です。しかし、考えないことは時に大きなリスクにもなるのです。

キーワード❸ＱＯＬ（クオリティ・オブ・ライフ）
一人ひとりの人生の内容の質や社会的に見た「生活の質」のことを指す。ある人がどれだけ人間らしい生活や自分らしい生活を送り、人生に幸福を見出しているか、ということを尺度として捉える概念のことをいう。

ジェンダー意識に寛容になるZ世代

「自己責任」のところでグレタさんと同世代の欧米の若者たちが「環境問題」「労働問題」「基本的人権」を第一に考えて行動しているという話をしました。そして、現在起きているさまざまな紛争や侵略についても親たちの世代とは感覚が違います。ロシアがウクライナを攻撃するのは許せないけれど、イスラエルのガザに対する攻撃に関してはハマスとの戦争なのだから、無辜《むこ》の市民が大勢巻き添えになっても「付帯的な損害」として認めざるを得ないという捻れみたいなものが、冷戦期を覚えている世代には受け継がれてきました。

しかし、グレタさんたちをはじめ、かなり多くのZ世代にとって、ハマスのテロに対してイスラエルがガザ市民を集団的懲罰の対象とすることはけして正当化できない。イスラエルは植民地時代の末期、先進国の都合で建国されたアパルトヘイト国家である。ユダヤ人は歴史的に迫害され続けた民であり、ホロコーストでは人類史上最悪の虐殺を受けたのは事実。そうではあるが今現在、人種差別の暴虐を行っているのはイスラエルである。イスラエル政府のパレスチナ人に対する圧迫と虐待を批判することは「反ユダヤ主義」とは呼べない。むしろイスラエルがパレスチナで行っていることの構造は、アメリカで「BLM（ブラック・ライヴズ・マター／アフリカ系アメリカ人のコミュニティーで生まれた、黒人に対する暴力や構造的な人種差別の撤廃を訴える、国際的な積極行動主義の運動の総称）」が起きたきっかけとなった、白人警官による黒人への暴行と極めて似ている。だからこそ「中東におけるアメリカの同盟国だから」とイスラエルを特別扱いして、差別と圧政、殺戮から目を背けることはできない。

こういった姿勢です。すべての差別とジェノサイドに終止符を、とまっすぐに考える傾向がZ世代に見られます。

また、その人権意識が「環境問題」にも同一線上で繋がっています。環境問題はZ世代にとって待ったなしで解決する必要がある課題なのです。同じ逼迫感で「パレスチナ人の命を守り、差別待遇をなくす」こと、アメリカの黒人への差別をなくすことが望まれています。「個別の微調整を加えた、おおむね現状維持」はオプションにありません。

ガザでの停戦を求めてアメリカ中の大学でテントやバリケードが設営されています。警察がより強圧的に排除するようになり、それが抗議行動をより先鋭化させてもいます。この流れの中で「インティファーダ」や「川から海まで（from the river to the sea）」といったスローガンも度々叫ばれています。しかしこれらのスローガンには大きな問題があります。

まず「インティファーダ」とはパレスチナ民衆のイスラエルに対する抵抗運動を指しています。二〇二四年五月十一日、東京・渋谷でも「インティファーダ・マーチ」が開催されました。問題はアラビア語で「振り落とす」ことを意味する「インティファーダ」という語句です。一九八〇年代に起きた「第一次インティファーダ」には欧米の知識人も数多く賛同しましたが、二〇〇〇年以降の「第二次インティファーダ」ではハマスなど過激派組織によるイスラエル市民を狙った自爆テロが頻発し、二〇〇一年のニューヨークなどへの「9・11同時多発テロ」とも重なりました。広義のパレスチナ解放を主張するスローガンとして「インティファーダ」はあまりにも据わりが悪い。

次に「川から海まで」ですが、これは「ヨルダン川から地中海まで」を意味し、ユダヤ人が入植する以前のパレスチナに戻すという意味合いを帯びています。つまりイスラエル国家の消滅、一九四八年に遡った歴史のやり直しです。イスラエル人や多くのユダヤ系アメリカ人にとって、このスローガンはテロ容認に聞こえます。叫んでいる側のデモ参加者の中にはさまざまな考えの持ち主がおり、「パレスチナ全土から抑圧がなくなること、すなわちユダヤ人とパレスチナ人が共存すること」という意味合いで捉えている人もいれば、「植民地主義によって人工的に作り出されたユダヤ国家、イスラエルは存続が許されない」という人もいます。このスローガンも中東情勢そのもののねじれた複雑さを無視したものです。

大学のキャンパスを占拠し、警察に強制的に排除されるまで立ち退かないという実力行使に及んでいる人たちは、おそらく一途に「私たちにできるあらゆる手段でガザ市民の虐殺を阻止する」という決意で抗議活動に参加している。そこまではわかります。また、イスラエルに武器を提供し続けてきたアメリカ、そもそも中東全域の不安定化の要因を作った帝国主義時代のイギリスやフランスに歴史的責任を問う姿勢もある程度理解できます。ただ、どうしても「ガザを守れ」の思いだけで突っ走っているように見える。

ガザで新生児が飢え死にしているさまが映像でネットに流れていることも非常に大きいと思います。ただし、ガザだけではない。ハマスと連携し、イランが支援する「フーシ派」の軍勢が戦っているイエメンの内戦では、今なお新生児を含む市民が飢餓で次々と死んでいるのです。ハマスを植民地主義、占領と戦う解放の戦士とみなすのはどう考えても無理です。ガザの赤ちゃんもイエメンの赤ちゃんも飢え死にしてはならない。しかし中東全域で紛争は繰り返され、人権侵害、抑圧と支配は常態化している。さらに紛争と紛争が相互に関連もしている。赤ちゃんが餓死する事態になるまでに長く、ねじれた歴史のドミノが連鎖してきているのです。今すぐガザだけで赤ちゃんを助けることができるのでしょうか？　はっきり言って、大人の世代は「もう助けられない」と諦めています。

大学生たちには諦めてほしくない。場合によっては行きすぎた抗議行動があってもいいでしょう。ただ、「ハマスは見方によっては解放の戦士」「イスラエルがそもそも存在してはならない」という単純すぎる「正義」に飛びつくのはもったいないと思います。その「正義」の先には反ユダヤ主義に対する「一定の理解」が待ち受けています。反ユダヤ主義が再燃するとそこにはさまざまな陰謀論が便乗するので、もう制御ができなくなります。

もう一つ、欧米の学生たちの抗議行動に難点があると思うのは、中国に対する認識へと広がっていないことです。本気で占領政策やジェノサイドを止めるのであれば、中国政府による新疆ウイグル自治区やチベットでの民族迫害も併せて糾弾しなくてはならないはずです。イスラエルがパレスチナを占領し、圧迫しているのと同様に中国がチベット、ウイグルを迫害しているのです。いや、むしろ中国ではチベットとウイグルの人口激減を試みる「民族浄化」さえ進んでいます。ガザ、イエメン、チベット、ウイグルを連結し、「抑圧を止めよ」と学生たちが自分ごととして捉え、イスラエルへの抗議行動のみならず、ファストファッションやサプライチェーンに中国による強制労働を含むブランドのボイコットを進めるのであれば、大いに賛同できます。

私はアメリカの区分でいうと、ベビーブーマーと呼ばれる層の一番最後の一九六四年に近い生まれです。つまりベビーブーマーの中にいつつも、少し冷めて見ている年代区分です。私と同年代のアメリカ人は、ＬＧＢＴの人たちがさほど自己主張をせずに日常的に一緒に暮らしているとしたら、「あっ、そうなんだ。パートナーは同性の人なんだね。そっか」という感じで、さほど興味を持たず、触れすぎずといった距離感で共存してきました。お互いにあまり踏み込まない棲み分けとも言えます。

例えば、今六十歳ぐらいの父親が自分の娘から「私はレズビアンで女性と結婚したい」と言われてもあまり反対はしないと思います。父親は「君の選択を大切にするよ」と言うでしょう。逆に「カウンセラーに通って、今のセクシャリティを治して旦那を見つけて結婚して子どもを産め」みたいなことを言う人はほとんどいない。世代的にもう無理なんです。いるとしたら宗教に熱狂的な原理主義者でLGBTを認めないという一部の人だけです。

六十歳前後の世代からすると、LGBTなどのセクシャリティの問題は個人の自由の領域です。違和感を抱く、つまり「不自然」に感じる人が多い一方で、強い否定の念も湧かない。「許容している」といった按配です。嗜好性が異なる人同士、お互いの価値観は否定しないでやっていこうというのが一番近いのです。細切れに趣味を追求して棲み分けていた「サブカル時代」のなごりもそこにあるでしょう。ただし、今までの話はあくまで統計的な概観です。私自身は「どんどんカミングアウトして、どんどん楽しくなっていけばいい」と思っています。

Z世代の人たちとベビーブーマー世代では、すでに世界線が全然違って見えています。今後の見立てとしておそらく日本でもZ世代以降、ジェンダーは論点ではなくなる。性自認など個人の好きにすればいいという感じです。それが伝統的な家族制度とぶつかることの葛藤は薄れ、個々の性自認に合わせて家族をチューニングし直す動きになるでしょう。同性と付き合うか異性と付き合うかは固定しなくてもいい。また、恋愛のパートナーは一人限定でなくてもいい。今のところ複数人と付き合う関係は「ポリアモリー」や「ポリガミー」と呼ばれていますが、あくまで暫定的なネーミングだと思います。

「なぜ男と女のどちらかを相手に固定しなくてはならないの？　なぜ一人とだけ恋愛しなくてはいけないの？」といった恋愛にまつわる固定観念、タブーが徐々に溶解していっている手応えがあります。そこからさらに個々人の性自認も流動化しているのではないでしょうか？　現在はトランスジェンダーのトイレを設置しようという動きが保守派からの猛攻撃や暴力を受けるほど社会の争点になってしまっていますが、わずか十年後の未来に「なんだっていい」というところまで日常の軸が移ってしまう可能性もあると思っています。

結婚して子どもを生む「家庭」のあり方も再定義されてしまうでしょうし、個人的には「どんどんやれ、もっといけ」です。正直なところ、おもしろがっています。保守派が恐怖している「家族の消滅」「日本社会の人口激減」はジェンダー由来では起こらないと思います。日本が消滅する時は、別の理由で消滅するでしょう。

私の見立てでは、ジェンダーという論点は経済階層と密接に関わって進展していきます。アッパーミドルおよび富裕層では多様性が急激に進み、性自認や恋愛は極めてオープンになる。そのオープンさが社会的な地位を象徴するようにもなる。ハイブランドの服やアクセサリーを身につけるように多様性がファッション、ライフスタイルと一体化する。一方、今後ワーキングプアへと没落する中産階級は経済的な困窮も相まって保守化し、昭和型の家庭へと回帰する。

日本社会の経済的な二極化が激しくなると、ジェンダーフリーな富裕層と伝統的なジェンダーに支配されたワーキングプアへと文化が枝分かれし、社会的な摩擦も起きる。才能とエネルギーがあって、市場の要求に応えられる若者は果てしなく自由で豊かな地平へと羽ばたき、そこまで機会に恵まれなかった人々は孤独や貧困から逃れるために「家」という名のシェルターを望む。勝ち組はジェンダーフリー、負け組はジェンダー呪縛。少しディストピアめいていますが、そんな未来像を描いています。リアリズムではなく理想を言うなら、伝統的な家庭を築く人もそうではないパートナーシップで生きる人もみんなお互いに理解し合ってハッピーな日本であってほしい。まるでアイドルがインタビューで答えるような模範解答でした。

おそらく今後、Z世代のジェンダーというのは加速度的に寛容になっていきます。私の経験して来た年月、ジェンダーはまだ固定されたもので、LGBTの人たちが一人また一人と苦難を恐れずにカミングアウトする姿を目撃してきました。社会の主流である「ヘテロ」で一夫一婦制の人たちが、LGBTコミュニティーに対して心のどこかに違和感を抱きつつも、「認め合えればいいな」と思ってきた、そんな薄めに分断された世界線で時計が止まっていました。「寝た子を起こすな」でした。ですが時計は前に前に進んでいきます。ジェンダーという「分類、別け隔て」をする価値観自体が遅かれ早かれ疑問視されるでしょう。何千年も続いてきたジェンダー、本当はどうでもよかったのかも。寛容的な未来が待っている。

欧米および日本の多様性は紆余曲折をしつつも社会に定着してきました。多様性は差別や迫害に打ち勝った個々人の勇気の集大成とも言えます。無数の人たちの物語が共鳴したり相殺したりして社会の代謝を促してきたのです。ただ同時に、利潤を追求する資本主義が徐々にグローバル化し、各国の経済構造がボーダーレス化していったことも多様性の強力な追い風になったというマクロの面があると思います。

二十世紀末から二十一世紀にかけて支配的な資本主義とは新自由主義、およびグローバリズムです。個々人が自由に生きる道を見つけ、マニュアルにとらわれない幸せを目指すという理想と市場の超多様化は同時進行し、お互いにフィードバックし合いました。多様性そのものが商品の付加価値にもなっています。多様性が生息できる環境を資本主義が保証しているような局面もあります。

ただ、これまで解説してきたように資本主義は暴走も続けていて、格差、環境、人権において持続不可能な方向へと突進しています。CO_2もロシアも中国も大きく暴走しています。

これからの時代を担う若者たちであるZ世代は目の前にある問題をなんとかしたいと考えていて、上の世代とはまた異なる価値観のジャンプをしようとしています。ミレニアル、Z

世代が直面している世界では人種や人権だけではなく、格差も同時に縮めないといけない一繋がりの問題です。貧困は個々人の能力の差から生まれるものではなく、スタート地点に段差が組み込まれている構造から必然的に生み出される人為的なもの。つまり貧困それ自体が不当な搾取の形であり、したがって社会全体が協力して是正すべきものである。

この認識はアメリカ人の親世代からすると、マイルドな表現でも社会民主主義、ガチンコな表現ではマルクス主義の再来に見えてしまいます。格差というのは自然に生じるものであり、天賦の才能の分配に関わっているというのが彼らの認識だからです。つまり才能がある人が富を得て才能に恵まれなかった人が貧しくなるのは、まあ仕方がない。ある意味、ダーウィンの理論が社会に反映された結果ではないのかとさえ思っている。たぶん思い込みだけど。貧困エリアの人が生活保護を受けて定職につかず、ギャンブル依存になったり、麻薬に溺れて転げ落ちる姿を（主に大手マスメディアというフィルターを通して）目撃してきたので、「結果の平等」を試みるような主義主張には強い警戒心を覚えるものなのです。根性やがんばりが足りなかった人たちにお小遣いを与えてどうする？　といった疑念です。

ベビーブーマー後期のOSはWindows 95だけど、Z世代はもう違うスペックのOSに移行しているのかもしれない。考える手順そのものに違いが生まれているようです。相互理解は年々困難になっていくでしょう。一番大きな要因を言い切ってしまうなら、ベビーブーマーまでの白人男性たちは先々、特に悪いようにはならない。経済的に浮き沈みはあったとしてもなんとか生涯を逃げ切れるんです。だけど、グレタさんやZ世代の人たちは逃げ切れない。この先、この何世紀にもわたる人類のツケが回されてきて、富む者と貧しい者でさらなる超格差が生まれていくでしょう。持続不能になった社会システムの中で、次々と人為的な災いも押し寄せてくる。待ったなし。

さらにギグワーカーに象徴されるように、就職、収入の構造も不安定になっていく。そんな中、急に仕事をクビになったりするとスキルがあっても再就職はできなかったりする。若者は生きていくだけでも地雷原を走っているような恐怖を感じていると聞いたことがありますが、それが今のリアルなのだと感じます。

キーワード❹ Z世代

アメリカで一九六〇年代中盤から一九八〇年生まれが「X世代」と名付けられたことに始まり、その後の一九八〇年頃から一九九〇年代中盤生まれが「Y世代（ミレニアル世代）」と呼ばれ、それに続く世代という意味で「Z世代（ジェネレーションZ）」と呼ばれる。生まれた時点でブロードバンドが利用可能だった最初の世代である。

世界を知らないと個人も国家も生きていけない

日本での「労働問題」の話をすると、約八十年前の一九四六年には憲法改正の動きや連合国総司令部（ＧＨＱ）による民主化五大政策（労働組合結成の奨励、婦人の解放と参政権、教育勅語の失効と教育の民主化、圧政の法的制度の撤廃、財閥解体や小作の廃止や農地解放）があった中で労働組合法制定、続いて、戦後初のメーデーを開催して日比谷公園などに集まった人たちによって、労働運動が盛り上がりました。

抗議運動ということで言えば、大正時代には私の母方の故郷である富山県魚津から米騒動が起きました。第一次世界大戦による好景気によって、物の価格が上がるというインフレが起こり、米問屋が投機的にお米を売り惜しみした結果、価格が一気に上昇して一般の人たちではとても手の出せないものになってしまったのが原因です。そうなると魚津の漁師のおかみさんたちが一斉に米問屋に抗議しに行きました。それが全国各地にどんどん広がっていき、日本中で何十万人もがデモをするほどに広がっていきました。

米騒動の直接の引き金は第一次世界大戦で日本がいい思いをしたことです。その戦争景気によって元々あった不公平さが資本主義のスピード感でマーケットを揺さぶり、貧しい人にしわ寄せがいってしまった。ただ、それは見えやすい形で表出したので「越中の女一揆」として新聞に報じられ、全国的なデモへと広がっていくことになりました。

それから百年を経た現在は、個人事業主と企業のＢ２Ｂ（Business to Business の略。企業から企業（法人）への企業間取引のこと）契約になっているので、そもそも集団で団結できないという、真逆の状況になっています。

ロシアによるウクライナ侵攻によって石油価格の変動が起こり、電気代が上がりました。日本だけではなくヨーロッパの国々も政治的な立場を問わずロシアのエネルギー資源に大なり小なり依存しているため、なんらかの影響を受けています。ドイツはエネルギーに関しては特に深くロシアに依存していました。

グローバル化が進み、人、モノ、金、通信の垣根が壊されて全世界が繋がってしまったことによって、局地的な問題が即時に全世界の問題へと波及するようになっています。このことがまず昔とはまったく違うということを認識してください。

そういう意味では、今の時代は日本というミクロな視点に限定せず、世界というマクロな視点で何が起きているのかを知らないとただただ翻弄されるばかりです。株価やニュースに関する文字情報はリアルタイムで見ることができます。そのさらに奥に埋もれたストーリーを探しに行くことが、より重要になってくるのです。

最近では、日本で伊藤忠がイスラエルの軍需企業との関係に関して市民から抗議を受け、協力関係をとりやめると表明した出来事がありました。伊藤忠はブランド力が高いだけに、市民運動を無視できなくなったわけです。

欧米ではこのような企業に対する直接行動としての市民運動が頻発しています。その企業の製品やサービスを買い支えること、あるいは買わないことによって意思表示します。目的は特定の企業を非難することではなく、振る舞いを変えさせることにあり、これらの運動は企業や政治を動かす大きな可能性を秘めています。しかし、日本ではまだそういった動きは多くはないのが現状です。言うなれば、日本の消費者は「私なんて」と分をわきまえてしまっているのです。

例えば、アメリカに次いで現在世界第二の経済大国である中国ですが、イギリスのシンクタンク予測では二〇三七年には中国がアメリカのGDPを追い抜いて世界一位になると言われています。その中国における新疆ウイグル自治区とチベットの問題に関して、アメリカ政府が強く出ることができたとして、果たして日本政府もその意見に同意できるでしょうか？

日本の過去の政権与党は自民党、民主党を問わず極力中国政府のご機嫌取りに努めてきました。中国が常軌を逸した現状変更を試みるようになってやっと日本も防衛予算を拡大し、経済安全保障の視点から先端技術の流出を防ぎ、中国政府が次々と繰り出してくる揺さぶりに耐えられる制度を設計するべく、重い腰を上げています。

この中国への警戒姿勢の流れで困るのは、世界的な企業になったファーストリテイリングが展開するユニクロでしょう。日本では新疆ウイグル自治区やチベットの人権問題に対する抗議としてユニクロ商品を不買する運動は、ネットの書き込み以上には残念ながら広がりませんでした。

ユニクロにとって想定外だったのは、二〇二一年にトランプ政権からバイデン政権に交代してからも米中対立が続き、とりわけアメリカが、中国が新疆ウイグル自治区でウイグル人に対して人権侵害を続けているとして経済措置を発動したことでした。

新疆ウイグル自治区では長年、中国による強制的な中国語や中国文化の習得が課されており、綿花栽培などで強制労働が実施されていました。さらに習近平体制になってからは弾圧がより強化され、現在では百万人を超えるウイグル人が砂漠の収容所に拘束され、多くは拷問されていると報道されています。人権問題を重視するバイデン政権になってから、この問題が各国に影響を与えるようになりました。

二〇二三年十一月になってから、ファーストリテイリングは説明会で人権や環境保護を念頭にサプライチェーン改革を推進し、生産パートナーの集約を進めるとしました。

日本政府が中国政府の「内政問題に干渉するな」という開き直りに屈して新疆ウイグル自治区を見捨てるならば、台湾の問題も直視できなくなってしまうという現実があります。台湾の民主主義を中国が呑み込み、消去しようとする動きに対しても見て見ぬふりをするなら、次はすぐ近くにある沖縄へと必ず連鎖します。日本の平和が脅かされるのは目に見えています。だけど、そのことまで見通して対応していこうという気概や危機管理能力が日本政府にあるようには感じられません。

戦後、沖縄に米軍基地がある限りはソ連（当時）も中国も下手なことをしないだろう、という思い込みが続き、言わば「考えない、議論しない、直視しない」ことが平和な現状を維持するために「合理的」だったわけです。しかし、習近平体制になってからの中国は露骨に現状変更を試みています。日本に憲法九条という世界に誇れる宝があるから、その精神を尊重して中国は日本だけ軍事行動の適用外とみなす…そんな保証はどこにあるんでしょう？

米軍基地がある沖縄は当然、中国の標的となります。「だからこそ米軍基地を沖縄から撤退させよ」という主張があるのも知っています。私見ですが、沖縄の米軍を少しでも縮小する動きがあれば、中国は「よし、今だ」とますます勇み立つはずです。

沖縄に米軍なき真の平和をもたらしたいのであれば、中国を民主化させる以外にありません。日本はすでに中国がもたらす紛争の当事国なのです。そのことも忘れないでいてください。それがわかるだけで目に入ってくるニュースの見え方も違うものへと変貌してきます。

可能性だけで話をして、物騒な議論をしたくないのもよくわかります。だからこそ日中国交正常化の後は日米共に台湾政府と断交して、「中華民国」は国から自治体のような扱いへと格下げされたわけですし、尖閣問題に関しても日中の阿吽《あうん》の目配せで領有権を本気で主張し合うことはなかったのです。軍事ではなく外交、そして何より経済的な結びつきを深めて、相互依存しながらお互いに経済的に繁栄しようという未来志向が日中親善の柱でした。

ただ中国における非人道性は、新疆ウイグル自治区やチベットの人権侵害に留まるものではなく、優遇されているはずの漢族にも及んでいます。それは中国の特色ある資本主義のなせるわざでもあります。

中国の工場で働く労働者たちは多くの場合、日本のギグワーカー、非正規労働者の比ではない過酷な構造の中で限界まで搾り取られています。そこまで超格差を野放しにしてもなお、習近平体制の失政により中国の経済は不動産バブルが崩壊するなどで不安定化し、大卒も就職できない状態になってしまっています。また、格差への不満が爆発寸前になっていることを察した中国当局は、いきなり金融業界の人々の暮らしぶりが贅沢だとして「享楽主義者」のレッテルを貼り、ボーナス削減を命じました。

中国では経済よりも政治が優先されているため、締め付けと統制だらけという不自由な日常があります。それらはイノベーションを必要としている中国の金融業界を急激に麻痺させる恐れもあり、金融セクターで働くキャリアが若い人々は途方に暮れているようです。

そんな中、「自分はまだやれる」という余力がある中国人たちは、蛇頭《じゃとう》（主に中国福建省を拠点とする密入国を斡旋するブローカー犯罪組織）に金を払って次々と中米へ飛んでいます。彼らは徒歩でジャングルを渡った後、メキシコとアメリカの国境にあるフェンスの穴をくぐっていく。そこに自由な世界があると信じているんです。しかし、どこに行っても搾取の構造はあり、移民となった彼らが新天地で生き延びられるかは別問題です。それをわかった上で彼らが新天地を目指さないといけないほどに、今の中国の締め付けと統制は耐え難いものになっている。

この全体像を日本でギグワークをやっている人にも、「これからは中国の時代だ」とまだ信じていたい日本のビジネスマンにもぜひ知ってほしいのです。もはや超大国の中華人民共和国は危機的な状況なのです。

結論を言ってしまえば、中国発のECビジネスにしろ、中国の素材や労働力をふんだんに活用しているユニクロを擁するファーストリテイリングにしろ、日本の大手メディアはそれらの企業から利益を期待するステークホルダーになっています。だから、自分たちにとって不利な情報となることは報じなくなっているのです。

日本の消費者にも働いている若者にも跳ね返ってくる問題があったとしても、口をつぐんで報道しなくなっている。多少の断片は報じたとしても、利益を損なうような全体像への踏み込んだ内容はためらってしまっています。

そんな状況だと知れば、あなたは日本の報道だけでなく、海外のニュースサイトを見てみようという気になるはずです。今は簡単な翻訳機能を使えばさまざまな言語のニュースだって読めます。一つの国からだけでなく、外からどう見られているのか、他の国では何が起きているのかを知ることがこの状況を抜け出す一歩になってきます。

キーワード❺ サプライチェーン改革

サプライチェーンとは製品の原材料・部品の調達から製造、在庫管理、販売、消費までの全体の一連の流れのことを言う。サプライチェーン改革は、サプライチェーンに含まれる複数の企業で利用する統合的な物流システムを構築し、それらの全プロセスをシステムによって管理することをいう。

ヤバい情報を正確に伝えていない日本のマスメディア

文藝春秋以外の日本メディアがジャニーズ問題をとかく報じたがらなかったのは記憶に新しいところです。ＢＢＣが独自の調査報道を公開した時点で、グローバル展開をする日本のスポンサー企業が「これは本当にヤバい」と気づいて、ジャニーズのタレントが出ているテレビ番組を続々と降りました。それに慌てたテレビは検証番組（ただしその多くは甘噛み）を放映しました。

ジャニーズ事務所が解体され、新会社「ＳＭＩＬＥ‐ＵＰ」の東山紀之社長が透明性を大切にする観点から新たにＢＢＣの取材を受けた結果、ジャニー喜多川氏以外のスタッフがかって性加害していたことが判明しました。またもやBBCが日本のメディアよりも先に報じたことで「外圧」となり、日本のメディアが後からそーっと追随する図式が再び見られました。

ジャニーズ、電通、吉本興業、ユニクロ、中国。日本の大手メディアがなんとなくそこで起きている問題についてわかっているにもかかわらず、切り込まないままの報道リストがどんどん増えていっています。それが日本の日常であり、現実です。よく覚えておいてください。

日本の忖度メディアを迂回して英語ニュースで本当のところはどうなっているのか、いつも調べないといけない私の苦労をお察しください。テレビに出演した際にはお約束のように、「この件は海外ではどのように報道されているのでしょうか？」と聞かれるのです。その真意は何かと言えば、「海外の忖度しないメディアはどのような姿勢で報道していますか？」という含みを持っています。まるで大人と子どもの違いかと思ってしまいます。

ただし、日本の報道現場でがんばっている皆さんの名誉のために付記すると、自民党の裏金問題、政治家たちが試みる言論規制、うやむやな閣議決定の数々、モリカケ問題、統一教会、企業の不祥事、子どもの自殺、芸能スキャンダル、インフレに関しては使命感を持つ報道が長年続けられてきました。

しかしながら、それらのパズルのピースが組み合わされていないことで、ニュース同士の関連性、コンテクストが見えにくいということが起きています。本来ならば、それらの問題は一つひとつがバラバラに存在しているのではなく他の事柄とも関係し、あるいは複雑に絡み合っていることがわかるはずなのです。だからこそ、思想の偏りが混じってもいいので、もっとビッグピクチャーを捉える報道が欲しいと感じています。日本にCNNやFOXもあった方がいいです。そして、議論をもっと深めてほしいと願ってやみません。いや、やっぱりFOXはいやかな？　中道左派と中道保守のガッツあるメディアの両巨塔に誕生していただきたいところです。

主流メディアが積極的に報道するトピックとしないトピックの間にムラがあると報道の空白が生まれ、副作用が起きてきます。報道を見た人が物足りなく思って、「本当はどうなんだろう」とネットで検索をかけて調べていきます。すると出てくるのが気鋭のフリージャーナリストたちによる潜入取材と調査報道の数々。だったら良いのですが、実際のところは「新聞・テレビが報道しない真実」を謳う陰謀論配信のオンパレードです。いや、陰謀論のエコシステム（生態系）と呼んだ方が適切でしょう。

そして、検索の上位に来るものは多くの人に見られていて本当だと信じている情弱な人が多いのも問題です。アルゴリズムがあなたの閲覧履歴を元に、あなたが見たいものを見せているだけ、あるいは積極的に誘導をかけてきているだけだということに気づかず、検索して出てきたものを真実だと信じ始めてしまう。中国悪玉論、そこから派生する差別的な中国人悪玉論、日本の土地や資産を中国資本が買い占めていると煽る言説があり、スパイが浸透しているという説もあります。日本はアメリカの属国で細部に至るまで洗脳されているという説、ユダヤ金融陰謀論などなど挙げていけばキリがありません。

少しでも教養があれば「アホか」と一喝して素通りできるような内容が、SEO（検索エンジン最適化）された形で上がってきます。念のため「中国資本が日本の土地を買い占めている」説への反証を一件、ニューズウィークから引用します。

都心の不動産を中国人が買いあさり、価格がつり上がっているという話もまことしやかに報道されているが、実態は異なる。他の先進国はあまりにも不動産価格が高いので、資金力の乏しい外国人投資家が、仕方なく割安な日本の不動産を買っているという面が強い。

残念なことだが、これが今の日本経済の実力であり、私たちはこの現実を受け入れる必要がある。（二〇二四年二月二十九日、加谷珪一氏の記事より）

「中国経済崩壊」という広告バナーも、かれこれ十数年間ポップアップし続けています。そこから誘導されるダサいサイトなんか見るより、「ブルームバーグ」（透明性の高い情報供給で世界をリードする金融テクノロジー企業。ニューヨーク本社を中心として、世界約百七十六都市のオフィスと約百二十のニュース支局から莫大な市場データやニュース記事を届けている）を今読んだ方が絶対にいいのでオススメします。

中国住宅市場の「メルトダウン」、厄介なプロセスの始まりか（ブルームバーグ、二〇二三年八月二十五日）

ウォール街が中国に三くだり半、インドを厚遇―歴史的転換が進行中（ブルームバーグ、二〇二四年二月六日）

ただ、このブルームバーグにたどり着くまでの道のりで、より安直な中国陰謀論や短絡的な未来予測に飛びつきたくなる心理も湧いてくるでしょう。陰謀論の向こうには独特のテーマパーク、ディストピアが口を開けて待っているのですが、これがやたらと浴びると気持ちいい。ファストファッションのように、そもそも知ってしまうと気持ちよくなるようにデザインされています。

そのからくりを知らないまま、雛鳥が初めて見たものを親鳥と信じるように信奉してしまうと、もうその陰謀論のディストピアから出てこられなくなります。自分が見つけた「真実」とは異なる意見の人に対して、猛然と反感が生まれてしまう。

中国を擁護するその人物は、中国からカネを受け取って世論を誘導している雇われ工作員かもしれない。あるいは中国に甘い立憲民主党系の左翼かもしれない。反日左翼なのか。日本語を話しているが本当は日本人ですらない可能性だってある。という風に、もう脳内で「真実」に反するものについての陰謀論が止まらなくなっていきます。

本当に楽しすぎるんです。ここまで行ってしまうと、その先はお約束の展開が待っていいます。ＳＮＳで政治家や著名人で中国寄りの人間を見つけてはリプをつけて攻撃して回り、「反日マスコミの真実」を追求する一介の言論戦士となって言論ミリシア（正規軍に対して、国民兵・民兵）へとモーフィング（画像を加工する技術の一つ。二つの画像を合成させて中間状態を作り、一方の姿形から他方の形へと変形していく様子を生成することをいう）していきます。

自民党安倍派を熱烈に応援してトランプも大好きで応援していく。赤い「ＭＡＧＡ（Make America Great Again）帽子」も注文してみたけど、その帽子が実は中国の工場で作られていたことがわかって…、ここからカメラはどんどんとズームアウトし、画面が四画面へと分割されていき四通りの陰謀論者が映り込み、さらに十六分割、六十四分割へ。とうとう最後には自転する地球となってフェードアウトしていく、そんなイメージが湧いてきます。

あなたがそんな陰謀ランドの住人にならないためには、リサーチをする検索ワードをもっと知って、ボキャブラリーを増やしていくことがリスク分散になります。そして、ネット上のアルゴリズムに惑わされないように心がけることも大事です。

キーワード❻陰謀論

ある事件や出来事や状況に関する説明で、事実や一般に認められている説とは別に、策謀や謀略によるものであると解釈する考え方。根拠の有無にかかわらず、強大な権力を持つ人物あるいは組織が、一般市民に知られないように不正な行為や操作を行っている、といった推論・主張が多い。歴史的に見て、陰謀論は偏見や魔女狩り、戦争、大量虐殺などと密接な繋がりをもち、テロの実行犯によって強く信じられている場合が多い。

百年前の歴史から学ぶ

陰謀論と繋がる話ですと、二〇二一年に京都の在日コリアンの方々が住む「ウトロ地区」で無知によるヘイトクライムが起きたことも記憶に新しいです。

「ウトロ地区」は戦時中に飛行場建設に従事した朝鮮半島出身の人たちやその子孫が、戦後の混乱の中で定住した地区です。現在約百人近くの在日コリアンが暮らしているのですが、そのエリアで住宅や倉庫など七棟が全半焼しました。幸い怪我人はいませんでしたが、倉庫には開館予定だった地域の歴史を伝える平和祈念館に展示される資料などが保管されていて、そのすべてが焼失しました。

最初は事件性は低いと見られていましたが、奈良県に住む二十二歳の青年が放火の疑いで逮捕されました。犯人は捕まった後に反省文として手紙を書いており、またメディアからもインタビューを受けていました。私はその内容を読んで正直呆然としました。

犯人はまったく「ウトロ地区」ができた歴史を知らないし、そもそも勉強していなかったのです。そして何よりも残念なことに、ネットで語られていることを鵜呑みにしてしまっていたのです。

コロナのパンデミックで離職したことが犯行の引き金の一つになったようですが、あの時期にはいわゆる超陰謀論がたくさんネットに噴出していました。私が知っている人の中にも反ワクチンになっていき、ネットで見たことを真に受けてワクチンは政府による陰謀だと書き散らしていき、本当に狂ってしまったと思える状態になった人もいました。

元々はアメリカのQアノン（アメリカの極右が提唱している陰謀論とそれに基づく政治運動をいう）とか、トランプ周りのアメリカのローカルな陰謀論だったものを誰かが日本語訳でネタにしたものを信じてしまい、それをネットで広げているという有様でした。

ある時期から陰謀論というものがカルチャー的なネタではなく、真面目に受け止められるようになってしまったのは二〇〇〇年以降の、インターネットの普及が大きく影響していました。UFOやUMAやオカルトなど科学では説明のつかない超常現象にまつわる事件を描いたアメリカのドラマ『X-ファイル』は私も大好きで「信じたい」のですが、一応フィクションとしてみんな楽しんでいました。

ある一定数「あれは本当のことだよ」と言う人も、いるにはいた。が、昔は陰謀論はネタにできていたのに、今はネタではなくマジになってしまう。冗談や洒落が通じなくなってきた。このことも先ほどの犯人同様に歴史を知らず、勉強していないからです。


二〇一〇年代末、「Qアノン」という形でスピリチュアルがかった陰謀論がネットで追いかけてきました。今回は極右思想と合体した形態でした。アナログの電波であってもスマホ越しであっても、おもしろ話がネタではなくマジになってしまう人がいる。そういう人がアメリカだとQアノン的な活動に没頭し、政府は本当のことを隠している、投票率が操作されているという風に思い込み、お互いを増幅し合い、最終的にはアメリカ議会に突入して殺傷事件を起こしてしまう。その危険性についてちゃんと考えていかないといけないのですが、正直なところ、これは人間の脳の構造に欠陥があるのではないかとさえ思っています。あまりに多く、過去に本当にヤバい奴に遭遇してしまった自分のPTSDもそこに入っているかもしれません。

本の中でもテレビの仕事でも、「識者」の役割を担って陰謀論に行かないような思考法を地道に広める仕事に携わっている今日この頃は、あまりに気持ちよくスピリチュアルな波動をラジオの波へと送り出した過去の十字架を背負っているのではないかと思うことがあります。よく考えれば私の中に教祖は、います。トランプも疑似科学も新天地を指差すラジニーシも、たぶん。

陰謀論や変な話に引っかからないためには何をすべきか、というのは何度も述べてきました。とにかく歴史を知って勉強することしかないのです。千年前のことを学ぶのももちろん大切なことですが、せいぜい一世紀、この百年ぐらいの世界の歴史を学ぶことは生きていく上でかなり有効な手段です。

アメリカの百年前だったら禁酒法時代でなぜそうなってしまったのかとか、日本の約百年前だったら関東大震災の後に朝鮮人虐殺事件が起きてしまった理由だとか、プロレタリア文学の代表的な小説家である小林多喜二はなぜ警察に逮捕されて虐殺されてしまったのかとか、要するにたかだか約百年前を学ぶだけで勉強になります。

百年、一世紀は三世代だとしたら、自分と両親と祖父母が生きる時間だと思えば他人事ではなくなります。祖父母が見て体験してきたことを知る。それだけで世界や日常への視線が変わってきます。あなたもまさに歴史の中にいてその一部分なのです。

私から提案したいのは「百年という時間で考える」ということです。ここまでにベビーブーマーだとかZ世代というある属性や括りの話もしましたが、そう言うと考えやすいし分けやすいんです。しかし、歴史を見るとそんなに簡単には同じ世代でも分けられなくて、個々のひとりぼっちでがんばっていった人たちの連続によって、世の中が動いていることがわかります。玉石混淆でさまざまな要因が混ざり合って歴史が生まれていく。

だからこそ、自分の存在をまずリスペクトしてください、何かにまとめられることのないひとりぼっちの自分を。そうすれば、間違ったことも正しいことも、過去の出来事もあるがままで受け止められるはずです。そして、何よりも歴史へのリスペクトを大事にしてください。

歴史を知り、感じ取れるようになれば時代の変化にも対応できる。さらに失敗する自分をも許容できるようになる。私自身、過去の個人史が黒々としているので、どっしりとした安定感に繋がっています。

日本の若い人たちに特に培養してほしいのが、この歴史に関する知見と基礎教養です。ぴしっと一本筋を通して歴史を知れば、ふわついた右翼思想には到底染まりようがない。むしろ今、身の周りに起きている危機に対応すべく、動こうという気になるでしょう。日本の若者たちと同世代であるグレタさんたちを見比べると、彼女たちは「当たって砕けろ」という勢いで行動しているのが一番の違いだと思います。

日本の若者たちは失敗することや傷つくことにとても敏感になった、という印象を抱いています。ある仕事の場面で「ダメだよ、こんなのじゃ」と厳しい指摘をしたらいきなり大泣きをされたことがあった、という経験もその偏見を助長しています。私が二十代の頃は「バカ」としか言えない行動によく出ていました。アメリカの同世代のひわいな冗談の定番にこのようなものがあります。

「Why did the dog lick its balls?＝なぜ、犬は自分の睾丸を舐めるのか？」

「Because it can.＝それが可能だからだ」

ひどい言い回しですが、アメリカ人ならみんな知っているネタです。要するに「人間は可能な限りバカなことをしたがる」ということなのですが、どうも二〇二〇年代の昨今、若い人ほどお行儀が良くなっているように思えて仕方ないのです。

「自己責任」という言葉が二〇〇〇年代から一般的に使われるようになって、その頃に生まれた人たちはその言葉が当たり前のものとしてあった。一回でも失敗したらもう上には行けないという諦めを社会や大人から植え付けられている。社会や大人が悪いと思っても言い返さないし、もしかしたら思ってさえいないのかもしれない。そうなると失敗したら、「私ががんばらなかったからだ」と自分を責めてしまう。

私はあなたたちに言葉を届けたい。知らない間に弱者になっている若者に対して、私はトロツキスト（長年、各国共産党は、自党の指導に従わない共産主義者をそう呼んでいた。トロツキストは共産党にとって最悪の裏切り者の代名詞とも言われている）であったり、マルクス・レーニン主義のアジテーターに見えるかもしれません。

「君たち、立ち上がりなさい。団結すれば力があるのだ」と言っているようにも聞こえるとしたら、あなたはすでに「自己責任」から解き放たれ始めているのです。

この激動する世界においては二つの速度があります。

速さと遅さ。そのどちらもが同時に動いて歴史を作っていると認識できれば、あなたの行動と考え方はだいぶ変わってきます。

アメリカでも奴隷制度について遡ると、最後まで清算できない歴史のようでありながら、じわじわと動き続けてもいる。黒人であるオバマ大統領も誕生しましたが、その揺り戻しのようにトランプ大統領が生まれて「ポスト・トゥルース」の時代になってしまったように、一進一退で動いている部分があります。それでも、日本と比べてみると遥か遠くに行っていて議論や価値観に底力がついている。あなたがこの世界で生き残るためにも、二つの速度のことを知って感じてください。

キーワード❼ ヘイトクライム

人種、民族、宗教などに関わる特定の属性を持つ個人や集団に対する偏見や憎悪が元で引き起こされる、嫌がらせ、脅迫、暴行などの犯罪行為。ヘイトクライムの被害者は深く心情的影響を受け、影響はさらに広がり、被害者と共通の特徴を持つコミュニティーに恐怖を与えることになる。ヘイトスピーチは言動による暴力であるのに対し、ヘイトクライムは有形力の伴う犯罪である。

ヒストリー・オブ・モーリー
History of Morley

1

「教育」が私を変えた ～東京大学とハーバード大学

まあまあああった「差別」

「第1章　激化する世界情勢」を読んでもらったなら、この本のテーマがわかってもらえたと思います。二〇二〇年代、さらにはその先を生き抜く上で必要なことは、個人や国が「変化」していくということです。しかし、どう変わっていくかを考えるためには現状を知る必要があり、歴史を知らないといけません。

そもそも、なぜ生き残るために「変化」が必要なのか。簡単な答えは「変わらなければお払い箱になるから」です。もっと厳しく言うと「五年後に生きていけなくなるから」でもあります。ただ、なぜ自分自身こう考えるようになったのかに具体性を持たせたい。そこで章と章の間にインターミッションとして、私自身の人生に起きた「変化」を書いてみます。こちらは他人事としてお読みいただければ幸いです。

私の父親と母親は一九六一年にアメリカのバージニア大学で出会い、当時では珍しく人種の壁を越えて恋愛結婚しました。

母は毎日新聞の記者をやっていたのですが、これ自体が当時は画期的でした。女性の社会進出はまだ軌道に乗ったばかりの頃で、正社員の女性記者になったのは母が初めてだったとも聞いています。記者になって数年後、アメリカのフルブライト・プログラムに応募して合格し、アメリカの国費で二年間、大学院生としてバージニア大学に留学したのです。私の母は先の先を行っていたとも言えるでしょう。

一方、父はアメリカ南部の出身で宣教師の子沢山の家庭に生まれ、インドで幼少期を過ごしてから青年になってアメリカに戻りました。何代も遡ると奴隷制時代の南部でプランテーションを営んでいた時代もあったらしいのですが、南北戦争ですべてを失い、以後は貧しさが続いていたとのことです。

一九六八年、父の転勤でアメリカから広島県広島市段原に家族で移住することになりました。ここから私の日本とアメリカを行き来する怒濤の少年期が始まります。父と母のことは「ヒストリー・オブ・モーリー③」でもっと詳しく書きますが、少しずつ成長していく中で、私は日米の文化の違い、そして国際結婚の難しさを抱えた家庭環境に翻弄されながら、自分の進む道を選ばなくてはならない局面に何度も立たされました。その都度、自分自身を守るために変化し続けていきました。変化は向こうからやってきた不可抗力的なものでした。

現在六十歳を超えて、自分の来た道を振り返ってみると、いくつかの決定的な出来事があったように思います。

アメリカ人、カナダ人、そして一部のマイノリティーの児童が通う広島市のとても小さなインターナショナルスクールに小学四年生まで通っていたのですが、五年生になるタイミングで日本の公立小学校に転校しました。誰もそんなことをしたことがないというぐらい珍しいことでした。直接の引き金は、テレビのアニメ番組や特撮番組が大好きだったことです。生徒の数が合計で三十人前後というとても小さな外国人学校では、ほとんどの児童が片言の日本語を広島訛りで話せました。授業中も二カ国語を混ぜたチャンポンと呼ばれる話し方で盛り上がっていたのですが、ある時、学校側が児童のバイリンガルな熱気に危機感を抱いたため、学内での日本語が禁止されてしまったのです。子どもながら私は母の話す日本語に強い誇りを持っていたので、そんな新しいルールに従うことはできず、両親を説得して自らの意思で英語圏の学校を飛び出しました。

アメリカ人の精神状態のまま、日本の公立小学校へと突入。模索をしながら日本の小学校に通い、放課後は同級生たちと同じ塾に通って中学受験。地元の男子校、修道学園に進学しました。中二に上がる頃にはすっかり日本の中学生に身も心もなりきっていました。ホームルームでは推薦で学級委員になるほど溶け込んでいた次第です。

中二の一学期を終えた夏、父の広島での任期が終わり、転勤でアメリカのノースカロライナ州に移住。縁もゆかりも無い南部の州で地元の中学校に通うことになります。日本人になりきっていた自分は自己主張をせず、みんなの輪を大切にする振る舞いが身についていたのですが、これが早速裏目に出ました。「自分の意見を持たない」ということは、アメリカの中学や高校では「弱い」ことを意味します。粗暴な生徒の標的になったり、アメリカの常識を知らないことをバカにされたりと一通り洗礼を受けました。ですが、広島の中学で柔道部に入っていたので体力の面で暴力を振るわれることは稀で、むしろ短い期間に陽気でやんちゃな面を打ち出してアメリカ社会に順応していきました。

修道学園ではスパルタ式の「習うより慣れろ」という勉強法を身につけていたため、これがいくつかの科目で生きたこともプラスでした。特に理数系は当時の日本の教育が詰め込み型、応用問題型でアメリカの何周も先をダッシュしていたので、楽勝。二次方程式の一般解を日本から持ってきた「単語帳」に何度も書いて暗記し、これがクラスでは「すごい」と言われました。

その一方、アメリカの私立学校で行われる独特の英才教育には、しばしば取り残されました。「みんなで話し合おう」式の教育です。物理や化学を教わるはずの授業で科学の歴史について話し合ったり、科学の進歩で環境が破壊されることは良いか悪いか、といった社会的な議論を生徒同士で行う時間が時々設けられ、私としては「テストに出ない」内容に時間が費やされることが苦痛に思われました。「そんな無駄な話し合いばかりやっているから日本よりレベルが低いんだよ」と心の声がしたほどです。ですが当時、アメリカの南部ではキリスト教右派が台頭し、生物で教えるダーウィンの進化論を教科書から除外させようという動きもあり、学生たちの教育環境を政治から守ろうと先生方は真剣に取り組んでいたのだと思います。今思えば当時、政治的な圧力に屈しない「真理を探求する精神」を教えようとしていたのでしょう。

よく聞かれるのが「日本とアメリカを行ったり来たりして、差別がキツかったんじゃないですか？」ということです。うーん、一言で答えるなら「それほどでも」でした。というのは、一九七〇年代の広島市は高度経済成長に突入していてアメリカの豊かさにほぼみんな憧れていた時代だったので、「ハーフ」の顔をしているだけでも人気者になりやすかったのです。被爆都市なので八月になると原爆にまつわる平和教育が行われたり、被爆者の体験記で学んだりしましたが、私は完全に広島の人間として自分を認識していたので違和感はありませんでした。加えて当時、広島がどんどん豊かになり、ベッドタウンも拡大していく中で戦争の記憶はぐんと片隅に追いやられつつあったのです。もちろん毎日原爆ドームの横を電車で通って登校していたのですが、私はアメリカ人である前に修道学園の生徒でした。白い目を感じることもなく、後ろめたさはこれっぽっちもなかったのです。被爆した書道の先生とも打ち解け、平和の使者になることを期待されていました。

そしてアメリカですが、南部は歴史的に奴隷制度の本拠地だったこともあり、差別は根付いていました。しかし圧倒的なマジョリティーの白人と筆頭マイノリティーの黒人、当時はごく少数だったヒスパニックの間でせめぎ合っている一方で、日本人ハーフの自分はそこでは「規格外」の存在だったのです。黒人と白人の緊張が起きても、どこか遠く感じられました。

アメリカ生活の二年目で私はいくつかの科目では好成績を収めつつ、社会科や文学は苦手な高校生でした。スポーツは課外活動の柔道クラブに一応通っていましたが、なにしろアメリカ人選手は私より体がでかい。バスケットボールのチームのオーディションにくる生徒たちの中には百九十センチの高身長者はざらで、柔道クラブに通う男子も筋骨隆々の猛者がかなりいました。大会に出て勝つなんてことは望めません。平凡な、やや頭がいいアメリカ人高校生としての日々を満喫していました。しかしそこから運命が急転していきます。

まず、サンフランシスコのローウェル・ハイスクールで教員によるストライキが起こり、学校の授業が全部止まってしまいます。カリフォルニア州で州民による直接投票が行われた結果、固定資産税の減税と引き換えに教員を含む公務員の給与カットが一夜にして決定されたのでした。教員たちはパニックに陥り、急遽組合を結成してストライキに突入。

何週間も授業が自習になってしまう中、私は両親を説得して単身、広島の母校、修道学園に戻りました。親元を離れ、下宿しながら通学したのです。元の鞘に収まったような安堵感が最初はありました。ただそれも長く続きませんでした。

アメリカで二年間鍛えた社交術を駆使して女性にアプローチできるようになっていたのです。男子校の同級生は女子と会話をしたこともない者が多く、私は競争相手がいない状態で繁華街に繰り出し、女子高生たちに声をかけました。ハーフであることもモテる要因でした。「あいつについていくと女に出会える」という噂も立ち、私は仲間のグループと放課後は商店街を練り歩きました。ディスコにも行き、大ブームとなったゲームセンターにも毎日通いました。通いすぎて親元からの仕送りをすべてインベーダーゲームに費やしてしまったほどです。

一方で、ひたすら暗記とテストが続く日本の受験勉強が非常に味気なく感じられ、アメリカでは得意だった科目が日本では苦手科目になって授業に集中できない事態に。アメリカの授業は日本に比べてペースが遅いのですが、納得ができるまでみんなで話し合います。そっちの方が合理的だと感じるように自分も変わっていたのです。

半年も経たないうちに私は修道学園ですっかり目をつけられ、「不良」へと分類されてしまいました。高二になった夏、品行に問題があり、成績も振るわない状態で母校を自主退学し、同年の秋口には母の出身県である富山県の高岡高校に転校します。

修道学園で起こした数々の問題が転校先の高岡高校にリークされてしまい、私は監視下に置かれました。文化祭のバンドに飛び入り、世良公則を歌うとしばらくして軽音楽部から説明抜きで退部を言い渡される。定期的に教頭に呼び出され、生活態度に対する取り調べを受ける。といった風に、迷路を走り回っているとシャッターが一つ、また一つと降りていく感じでした。

相当に追い詰められていたのですが、年明けに遠く離れた富山市のライブハウスに足を運んだところ、同年代のメンバーが演奏するパンクバンドに出会いました。これは、すごい。これだ。それまで矢沢永吉やキャロルといったロカビリーのファッションをしていたのですが、それを一気にやめてパンクになろうと思いました。

ただ、再び問題児の扱いを受けて退学させられるともう後がない。そこで考えました。学校ではあえて優等生の振る舞いをして、なりすまそう。そして富山まで行ってパンクに変身しようと。

作戦を立てて、実行に移しました。高岡高校のカリキュラムはごく一般的な受験校のそれです。私は自分が英語ネイティブであることを活かし、他の学生たちが自宅で英語の勉強に費やす想定時間（たぶん一日に二時間程度）を戦略的に古文と漢文に振り分けました。言わば競争相手の「脇」を攻めた感じです。この目論見は当たり、古文と漢文で余計に二十点程度稼いだ結果、総合点を元にした偏差値がぐんと跳ね上がりました。週末には高校の教師たちが見ていない富山市まで行って、ライブハウスで同世代のパンクバンドの追っかけをやりました。スパイになったような気分です。

高岡高校ではなりすましの優等生、週末に富山でパンク。このサイクルがしばらく続くと学校の成績は上位固定するようになり、教頭による監視の目が緩みました。同じ頃、通っていたライブハウスで知り合った友達に誘われ、自分もパンクバンドに入りました。下手の極みという演奏技術でしたが、興奮して飛び跳ねる機会があるならなんでもよかったのです。自分の存在そのものがごく自然に枠からはみ出していき、それがなぜか納得のいかない形で罰せられる。だからあえてそのルールに自分からいったん合わせ、相手に隙ができたら自分のやりたいことをやって逃げ切る。こういった「攻略法」が身についたのは高校時代の後半でした。結局、それから四十年間、変わろうとしない日本でさまざまなハッキングを続けてきただけの人生にも思えます。

さて、富山で活動するパンクバンドのメンバーにある時「おらが東大に合格したらバンドの宣伝になると思う？」と富山弁で問いかけたところ「そりゃおもしろいから、おまっちゃ、やれま」という風に盛り上がり、ある種のジョークとして真剣に東大を受験することにしました。プランとしては、東大にもしも合格したらバンドのメンバーで東大のキャンパスに押しかけてライブをやるというものです。その先は想像もしていなかったのですが、漠然とバンドのツアーをやって、デビュー…？　どっちみち東大に合格するとは自分でも思っていなかったので、これは仲間内のシャレのままでした。

ところが「本当はバンドのための仕掛けなのに、本気のふりをして受験してみる」というこの心意気に弾みがついてしまい、成績がどんどんよくなっていきました。旺文社の模試でも上位に名前が入っていました。そこに反応したのが両親です。広島の学校を追われた時にはもう諦めていたのに、急激に好転するテスト結果の数字を見て、親が私のトリックを信じてしまったのです。「この調子ならアメリカの名門大学も可能性があるかも」と父が言い出して「ハーバード?」と母も目を輝かせました。

そしてとどのつまり、東大に合格してしまい、ハーバードにもMITにもスタンフォードにも、プリンストンにもUCバークレーにも合格してしまいました。マスコミで一躍有名になり、有名になりすぎたからと地元のバンドに除名されてしまいました。で、上京するとソニーミュージックから声がかかり、デビューすることに。なんだこりゃ、な展開です。

東大入学のあと、レコード会社で「金の卵」に

ハーバード大学で受けた教育がいかにして自分を変えたかという話をする前のプロローグとして、東京大学に入学したての頃の自分を振り返ってみたいと思います。前述したように「富山の地元で入っていたパンクバンドを宣伝するスタントとして東大を受験し、合格した。だが合格した途端にそのバンドを追放された」という「浪人」状態だったので、目的を喪失していました。東大で勉強してエリート街道を突き進みながら、趣味でバンドをやるという

プランではなかったのです。高校生の時、「東大」が象徴する重苦しい壁を粉々に砕いて、その跡地にパンクの旗を立て、あとは知らん、どうにかなるというぐらいのゴールを日々心に秘めながら、隠密のように何気ない顔で勉強していたのですから。「本当に合格すれば、何かが起きる」。しかし本当に合格してしまった今、その次に来る「何か」を待っている宙ぶらりんな状態でした。

東大で勉強を始める意欲は特にありません。受験に全力投球をしたので燃え尽きていました。これは他の多くの大学合格者と同じ状態です。新学期のオリエンテーションに出席し、いろいろなプリントを受け取り、大学生協で必修の教科書を買いました。大人数の講義が多く、シャーペンを手に、てきぱきとノートを取る新入生も目立つ中、私もとりあえず前を見てじっと座っていました。

東大に行ったり行かなかったり、とほぼ無気力な学生生活がスタートした私だったのですが、また予測不能な展開となります。マスコミで注目された熱気の渦中でソニーミュージックからラブコールを受け、同社の録音スタジオに出入りするようになり、春から夏にかけて音楽に全力投球したのです。何をどうするのかはわからず、ディレクターやエンジニアという大人たちにすべて任せていましたが、「おれのアルバム」ができていくという興奮に昼も夜も貫かれ、大学生であることを忘れた瞬間もありました。

ソニーという大手に認めてもらえたのは、高校を卒業したばかりの私でもわかるほど大きかった。ソニーミュージックで私を登用したのは大物プロデューサーの酒井政利氏で、「あなたの好きなようにやってごらん」と全面肯定してくれました。話せる大人が、どこかにはいる。ソニー本社から、後に社長になる大賀典雄氏もスタジオに遊びに来ることがあり、酒井さんも沸き立っていました。よくわからないけど、私は未来に向けた金の卵だったのです。

ただ、社内の足並みは一つの方向へと揃っておらず、松田聖子さんや竹の子族出身のアイドル、沖田浩之さんが当然ながら主力商品となる大物アーチストでした。私に割り当てられたディレクターはボーカルバンド「チェリッシュ」の元ベーシスト。一九七三年に大ヒットし、その後もウェディングで歌い継がれる曲となった「てんとう虫のサンバ」の作曲者でもありました。ユーモアがあり、話が通じる大人でした。ただ、私の熱狂していたバンドや音楽の種類には何一つ接点がなく、会社員モードで淡々と制作業務を進めていてくれた。当初はディレクターさんにめちゃくちゃ期待していた私でしたが、スタジオで「まずは売れる必要がある。広く人に届かないと何も始まらない。けどいったん売れてしまえば、その先はどんどん自由になるんだよ」といった王道の話をされるうちに、「なんか、違う」と心の中で離反していきました。

たとえ話をします。中東、アフリカの難民がゴムボートに乗って地中海で密航しようとする姿を想像してください。密航業者に料金を払った家族連れの難民が、すでに過積載の状態でゴムボートに乗り込み、そのまま夜の海へと船出します。少し行ったところで船は転覆。

翌朝、浜辺に親子の遺体が流れ着いた状態で発見される。いたましい光景であり、人道問題ですが、私の芸能デビューはこれでした。いや、このたとえが不適切なのは承知しています。しかし昭和のたとえはそういうものです。呑み込んでください。一九八一年にまったく勝ち目のない戦いを、十八歳の少年であった私は大人の社会に挑み、大敗北しました。「いい夢を見たよ」とかっこいいセリフを残した私は日本を去り、アメリカへと飛び立ちました。

ハーバードで身についた「上には上がいる」という謙虚さ

高校卒業まで「ミニ波乱万丈」の波に揺れていましたが、ハーバード大学に入学して間もなく、本番が始まりました。心を鬼にしてくぐり抜けた受験勉強が、ハーバードでは役に立たないことを一学期目から思い知らされたのです。思い返せば「飛んで火に入るハーバード」でした。

ハーバード大学のシステムを概観すると、全寮制で四年制の学部と大学院、および研究所から成り、新入生はほぼ全員キャンパスの中央に位置する広大な「ハーバード・ヤード」の中にある寮にルームシェア方式で住まいが割り当てられます。合格者は事前に自身の文化的背景や価値観などをアンケートで詳しく答えるため、相当に考え抜かれたマッチメーキングがなされます。同質の生い立ちを持つ学生がひとかたまりになることは避けられているようで、人種も宗教もバラバラなルームシェアが目立ちました。大学院生の住み込みチューターもいて、新生活やプライベートでのあらゆる相談に乗ってくれます。

授業の科目はとても分厚いシラバスから選び、「コア・カリキュラム」と呼ばれる必須科目と「エレクティブ」と呼ばれる選択科目に大きく分かれています。コア・カリキュラムはかなり大きな割合を占めており、苦手な科目があってもまず逃れることはできません。大学二年生までにコア・カリキュラムの大部分をこなして三年と四年を専攻に費やすというのが定番となっています。もっとも、新入生の時からまっすぐ一つの分野に特化してすんなり四年間をくぐり抜けられる学生なんて、それほどいません。

例えば、大学三年目で「やっぱり医学部ではなくコンピューターサイエンスをやろう」と専攻を変更した場合、足りない科目の単位を追加で取る必要が生じ、あくまで自己責任の扱いとなります。現に私は、漠然と電子工学の専攻を目指して大学二年の終わりまで理数系の科目を多く取っていましたが、三年目から芸術方面に専攻を変えようと思い立ちました。そのため、大学三年生の新学期が始まる前の夏休みにサマー・スクールに通って絵画の基礎課程を補ったほどです。その余分の学費負担はすべて親の金でした。この場を借りて親にかけた迷惑を一度、謝っておきます。将来何かの賞を取ったら、それでチャラにしてほしいです。

さらに「ディストリビューション・リクワイアメント＝科目を多様化させる要項」がここに上乗せされ、一つの得意科目に逃げ込めないようになっています。つまり物理専攻であっても美術史を学ぶであるとか、社会学をやっていてもプログラミングができなくてはならない、といった人材の幅を育成するという必須要項です。外国語も必須ですが、私はたまたま日本語のバイリンガルだったのでこちらは楽勝で単位が取れました。

民間企業は人材を消耗品とみなす傾向があります。すぐにしぼれるだけの売り上げをしぼろうとする傾向です。しかしハーバードは学生に短期的な成功を追うよりも長期的なビジョンを持つことを奨励します。

また、学費が一九八〇年代の時点でも他校よりかなり高めに設定されていたため、相当数の学生が「フィナンシャル・エイド」と呼ばれる奨学金を受けていました。私のルームメイトの一人は親の代からハーバード卒業生であるにもかかわらず、学費の一部を奨学金で受ける条件として学内のランドリーや図書館などで働いていました。ハーバード大学は民間企業の発想で短期利益の最大化を狙っているのではありません。むしろ投資機関のように将来有望なアメリカ最高クラスの若者たちをあの手この手で育成します。もちろん学生によっては学費ローンを組んで卒業後も返済に苦しむケースがありますが、「ベスト・アンド・ブライテスト＝最高であり、最も輝いている」学生たちにはおしなべて手厚く対応してくれました。全力を発揮しない者を除いては。

大学一年の一学期にほとんどのフレッシュマンが必須で受ける科目の一つが、論文を書く基礎訓練である「エクスポジトリー・ライティング＝Expository Writing」です。略して

「Expos＝エックスポズ」で呼ばれ、高校卒業時は自信満々だった多くの学生たちがこの一学期でかなり自信を喪失します。私にとっては漫画『タイガーマスク』に登場する「虎の穴」でした。「Expos」では特定のテーマを独自にリサーチして、さまざまな角度から検証し、自分なりの論を組み立てることが求められます。文字面で説明すると比較的楽なお仕事に思えるかもしれません。しかし、「Expos」はお遊びではなく、今ある現実社会の賛否両論が渦巻くトピックばかりを扱う傾向にあり、日本のテストで時々出てくる「小論文」の比ではありません。

「Expos」の授業は十人ぐらいで一クラスに分けられていて、それぞれのクラスで出題されたテーマに関して討論が行われました。例えば当時アメリカ社会で賛否両論が渦巻き、政治問題にもなっていた人工妊娠中絶がテーマであった場合、学生たちが個々に調べてきた内容をもとに、最高裁の過去の判例、キリスト教の妊娠と中絶に関する教義、発展途上国で中絶が禁止された結果人口が爆発し、貧困が蔓延した事例、さらには女性が社会進出をすることで伝統的なアメリカの家庭が脅かされるのではないかといった懸念までが俎上《そじょう》に載せられてディベートされました。卵子が受精してから何週間後に胎児の人格を認めればいいのか、女性は胎児の生命も含めて自己決定する権利があるのか、国家が女性の体のあり方に介入することは合衆国憲法の精神に適うものなのか、などをめぐって熱い議論が学生の間で交わされました。

この時、私は「借りてきた猫」のようになって大人しく討論を見守っていました。そもそも妊娠とか中絶とか、考えたこともないし、性的な体験もほとんどない。なんでみんなこんなに女性の体の仕組みについて知っているんだろう？　子どもを産むか産まないか、それって法律で決めることなの？……ぐらいの意識ですべてが遠く見えました。

ハーバード・ヤードの敷地の真ん中にワイドナー図書館という巨大な建造物が鎮座しています。蔵書数は三百万冊あまり、書籍を置く棚の総延長は九十二キロメートルに達するというとんでもない図書館です。優等生たちはそこを毎日のように訪れ、さまざまな資料を引き出して借りて読んではどんどん知恵をつけていきます。私はワイドナー図書館のそびえ立つサイズに物怖じし、在学中はほとんど足を踏み入れることがありませんでした。とにかくでかい。入り口を通って見上げる天井が、めっちゃ高い。

同じキャンパス内にいくつも中小規模の図書館があり、そちらに行って窓の近くにある椅子に座って配布された資料集を読み、わからない語句があると日本から持ってきた英和辞典で調べました。けど、ぶっちゃけ英和辞典はほぼ役に立ちません。

例えば同じく「Expos」の課題となった一九三〇年代の小説『花開くユダの木』の中に登場するメキシコの軍閥指導者が、主人公ローラの「悪名高い処女性のパズル＝puzzle of her notorious virginity」を考えるという表現の、「悪名高い」が何を意味するのかは出てこないのです。これは、男を一切受け付けない清楚な外面を保つ白人女性のローラを街中のメキシコ人がぎらついた好奇の目で見る中、彼女に男がいるのかいないのかというゴシップが盛り上がっていたという前文を受けての表現です。つまり「噂にもなっている、ローラが処女なのかどうかという疑問」という表現で、野卑で女好きな軍閥指導者がローラを「いつでも手を付けられる小娘」として傍に置いていることを暗に示唆する表現です。そんなこと、なんで私が察しなきゃならないのか？　ということです。

しかしその後もハーバードは一時が万事、「Expos」の再現だったのです。

論文作成に始まる新兵訓練所のような試練を経て、学生たちの脳は活性化していきます。ルームメイトと自由に、なんでも語り合える環境なので深夜まで声をからして語り合うことも数知れずありました。論文や課題の提出期限が迫る日程が重なるので、三、四人のルームメイトがそれぞれ沈黙して夜遅くまで勉強することも。そんな深夜帯に誰かが近くのマーケットで大型パッケージの「オレオ・クッキー」と牛乳を買ってくると、ソファや床に寝そべって深夜の雑談が始まります。隣のルームシェアから遊びに来る人もいます。政治意識がある子、まったくない子、芸術肌の子、ロックが好きな子、同性愛をカミングアウトするか悩んでいる子、恋愛したことがない子、海外での生活経験がある子、親が期待していた進路にまったく興味がなくなった子、などなどが入れ替わり立ち替わり一堂に集まってひたすら喋ったり、不謹慎なジョークを言ったり、いたずらをしたりするので、この脳のシナプスの総出力をワット数に換算したらとんでもない数値になるはずです。

自分とは出自も考え方も違う、けれどけして見下せない知性や才能の持ち主たちと総当たりでぶつかり稽古をしているうちに、脳の奥底にスイッチが入っていきます。高校を首席で卒業したり、チェスの地域トーナメントで優勝したりした輝かしい経歴の持ち主であっても、ハーバードではほぼ間違いなく自分よりすごい相手に出会うことになります。「上には上がいる」という謙虚さは、いやでも身につきます。また、自分と価値観が異なる人の話を否定する前にまず「私の価値観は間違っているかもしれない」と疑う、そんなサイエンスの精神も身についていきます。「論破」して勝ち逃げ、は絶対にない。「論破」と名が付く言い負かしなんて、同質の価値観を持つ狭い社会の中でしか通用しない幻想なのです。

私はハーバードで恋愛もしました。今思えばあれだけの読書量とリサーチ、課題の多さの合間によくもまあ異性と付き合う時間があったものだと感心します。コア・カリキュラムの必須科目を一通りクリアして、三年目から苦手な科目から逃げることはできました。が、より得意な分野に行ったからといって「楽になる」ことはついぞありません。どこをどう切っても最大限の負荷がかかり、競争も激しい。何をするにも裏付けとなるリサーチを求められ、発言したことにはすべて責任を負う。

入学から実に七年後（うち三年間は自分探しの休学）、とても長いトンネルをくぐるような年月を経て、私はとうとうハーバード大学を卒業できました。燃え尽きるのももったいない。いや、正確に言うと燃え尽きたぐらいでは消えてくれない苦難がすぐそこにある。そんなプレッシャーをずっと感じ続けた年月です。これによって私は磨かれました。自分ができることは非常に限られていると思い知り、自分が本当に自由意志を持った人間なのかさえ、疑うようになりました。と同時に、私より才能もやる気も上の人がこの地球上には何千、何万、何十万といるのに、たまたま私がその中から最高レベルの教育の場に入ることを許された幸運を実感しています。したがって私はどこかで社会、人類にこの恩恵を分配する義務がある、とも思っています。

ハーバードの卒業式では毎年恒例の牧師の説教が行われます。南アフリカの人種隔離政策である「アパルトヘイト」に反対する学生の運動が盛り上がっている最中の卒業式で、黒人の牧師が演題に立ちました。聖書に出てくる「ロトの妻」の一節を引用した説教でした。

大雑把に引用すると、かつてソドムとゴモラという隣り合った二つの町が栄えていたのですが、悪徳と頽廃の巣窟になり果てました。性的な不道徳を意味する「ソドミー」という英語はこの名前から来ています。神はこのありさまに怒り、硫黄と火の雨を降らせて町を消滅させることにした。ただしそれに先立って天使二人を遣わし、住人ロトの信仰心の篤さを確認。天使はロト夫婦とその娘たちに、急いで町を去るように、決して振り返らぬように、と命じました。しかし逃げる途中でロトの妻は破壊されゆく町の方を振り返り、その瞬間、塩の柱と化してしまいます。ルカによる福音書十七章でイエスは「ロトの妻を思い出しなさい」と発言しています。

卒業式で引用されたこの言葉は、四年間の苦労を経てやっと卒業の栄冠を手に入れた学生たちに「名門の大学を卒業したという肩書きに甘んじないように」と諭すようにも聞こえ、探究心の火を絶やすなというメッセージにも聞こえました。いずれにせよ、私は今日も塩の柱になるのが怖くて前に進んでいます。私が卒業した年から六年後の一九九四年、南アのアパルトヘイト体制は倒れました。変化を拒むと塩の柱にされるのです。

「ヒストリー・オブ・モーリー②」に続きます。

第2章

衰退が進む日本社会

日本の構造に内在する経済の問題が深刻化すると、
若者の働く現場では物理的、精神的なリスクが増えていきます。

2024年6月、1ドル=160円台に下落した円相場を示すモニター。
東京都港区の外為どっとコム。写真提供:共同通信イメージズ

検索結果を鵜呑みにしてしまう人たち

日本もＩＴ化がより進んでいって国際化するとの報道もあります。しかし情報の国際化だけではなく、実際問題として出生率の低下や高齢化社会を迎えている以上、どうしても労働力としての「移民」を本格的に受け入れるかどうかということについて、しっかりと議論していかないといけない状況になっています。

「移民」を政治問題として考えるなら、リベラル左派政党である立憲民主党や共産党、れいわ新選組は外国人との共生と人権を優先したいと考えており、保守系の自民党と公明党、さらに日本維新の会や国民民主各党はどちらかというと彼らを便利使いしたい方向性を見せています。二〇二三年六月に参院本会議で可決・成立した「改正入管難民法」への賛否で、政党ごとの立ち位置が鮮明に線引きされました。

現時点で政界のコンセンサスは「とにかく積極的には移民政策を考えたくない」というところに重心があり、「日本社会の郷に入っては郷に従う優良な外国人なら共生も考えていい。だが法令や納税など、ルールをしっかり守らないのであればむしろ強制退去を迅速に進めるべし」がデフォルトになっています。

日本経済が絶好調で「ジャパン・アズ・ナンバーワン」と謳われ、どんどん海外進出をしていた一九八〇年代と変わらない優越的な意識で、現在のグローバル社会に対して「いいとこ取り」を試みようとしています。結局、政治家たちの集合知は、何も考えていないのと一緒です。そんな現実逃避の姿勢ではまったくお話になりません。議論とも呼べない政界の移民政策はおいおい破綻していくでしょう。

このように政治が問題から「敵前逃亡」しても、最終的には移民政策を進めなくてはならなくなる、というのが私の見方です。現に日本政府および財界は、すでに着々と移民政策の下準備をあまり宣伝しない形で進めていると思われます。

二〇二三年六月、民間有識者による令和国民会議（通称「令和臨調」）は「外国人一割時代」に向けて危機意識の共有と政府の迅速対応を要請しました。一割とはすなわち千三百万人を意味します。令和臨調をとりまとめた元総務大臣（現・日本郵政取締役兼執行役社長）の増田寛也氏は、その後も日本の急速な人口減少と地方都市の消滅リスクに警鐘を鳴らし続け、真正面から移民政策について議論すべきだと主張しています。

政治が移民政策を議論せず、その都度、応急処置として外国人労働者の受け入れ枠をなし崩しに広げていくと何が起きるのか？　相当にディストピアンな結末は想像に難くありません。

以下は、リドリー・スコット監督の映画『ブレードランナー』に登場するロサンゼルスではありません。予想される最悪の日本の未来の姿です。

（1）まず、人口減に対する穴埋めとして数合わせのように移民が日本国内に入ってきます。自国より良い条件がインセンティブとなります。しかしそれ以上でも以下でもなく、日本への特に強い愛着はありません。日本としてもその人たちを期間限定の季節労働者とみなしているから、お互い様です。円が高くなれば移民に選ばれ、円が安くなれば見放されるというドライな関係です。

（2）日本側に付加価値をもたらしてくれるＩＴ専門家や富裕層に対しては、長期の在留資格や税制優遇、家族の呼び寄せなどがおまけに付けられる。新たに設けられた経済特区では社会サービスもマルチ言語で手厚く対応していく。

（3）一方、キツい仕事や単純労働への従事者は、同等の日本人労働者を少し下回るぐらいの扱い（かつて３Ｋと呼ばれていた「キツい」「汚い」「危険」に加えて、最近言われている新３Ｋには「帰れない」「厳しい」「給料が安い」があり、それらを合わせて「６Ｋ」とも呼ばれている）。居住するのは家賃の安いエリアで、密集して暮らすようになります。日常で必要になるさまざまな手続きや医療関係の多言語化は遅れ、随所で混乱と長い待ち時間。国や行政に助けてもらえないと察知した移民たちはＳＮＳで独自に情報交換、より断絶や分断が広がります。

（4）単純労働の移民が増えると、同等の賃金で働いてきた日本の非正規労働者、ギグワーカーの賃金がなかなか上がらなくなる。「移民ががんばっているからね」と会社に言われたギグワーカーなど低賃金で働く日本人は、移民に怒りの矛先を向けてしまう。

（5）政府のコンプライアンス基準は打ち出されるが、抜け穴だらけ。各地で移民の搾取がまかり通る。裁判も起こされるが対応はノロノロで進まず、移民たちの疎外感が高まって一部では治安も悪化してしまう。さらに移民ラッシュのどさくさに紛れて母国で犯罪を犯していた人間が日本に紛れ込み、そのままイリーガルな裏街道へ。メディアは移民の犯罪をより強めに報じるため、「移民が日本の治安を乱す」という誇張されたストーリーが定着していく。

（6）定住移民が増えて、子どもたちの義務教育が問題化していく。学校に行かない移民の子も増加していくなど課題が増えてしまうと、特に地方の行政は追いつけなくなってしまう。教育を受けない子どもの一部は非行に走り、ギャングに加わる子も当然出てくる。そのため少年少女たちから始まって、その地域ごと荒れてしまうという悪循環が起こる。

（7）入国管理局や警察の人員と予算が不足し、オーバーステイや犯罪被疑者の移民を手荒く扱う。移民コミュニティーには当局への不信が渦巻き、自警団やマフィアなどが成長していく。移民街の一角が「入ってはいけない」無法地帯と化す。移民排斥の運動も一部で盛り上がって、日本人と移民の対立が激化。

（8）その一方で多言語や専門スキルを駆使して日本で大成功する移民も登場する。考えられる例として、若いインド人のＩＴワーカーが合計で数十万人を突破する。最初は少数ながら移民や移民ミックスの議員も当選し、日本社会の「上澄み」では多様化、包摂が拡大していく。外国人排斥を唱えた人には訴えが起こされ、名誉毀損した側が九割負ける。だが、これが「本当のことを言えなくなった」と一部の日本人の間で不満として溜まっていく。

（9）二〇七〇年頃には、二〇二〇年代現在の「日本人」というアイデンティティーが相当に薄まっている。規模の大きなシンガポールのように多人種、あるいは多人種ミックスの状態になる。日本語以外に英語が公用語、中国語とハングルが準公用語の扱い。労働者階級が暮らす地区ではこれらの言語が混ざり合い、ピジン（植民地などで現地の言語と侵略した側の言語とが接触してできる混成語）化した「ストリート言語」が話されるようになる。

ここまでが「無為無策を続けた場合のシナリオ」です。日本社会は存続するため、そして繁栄するために変貌を必要としています。そこには不都合な「カオス」も含まれます。この「カオス」を飲み干し、新たなギラギラした日本を創造するべき時が訪れているのです。

しかしながら、前述したように政治の現場でこの広い意味での「国際化＝日本の生まれ変わり」に向き合う気合いや態度を見せている政治家は見当たりません。マスコミもエグいところまで食い込んだ議論をしようという姿勢はありません。

そんな中、移民問題の答えをX（旧ツイッター）などのソーシャルメディアに求めてしまうと、かなり大変なことになります。今のところはソーシャルメディアを単純に「見ない」のが一番の正解のように私には思えます。移民問題に関する記事や研究報告をネット上で調べようとしただけでも、相当に強いバイアスのかかった情報がたくさん出てきてしまうので、まずは自分で考えるという心構えをしっかりすることが重要です。

あなたが情報に対して受け身の精神状態でいると、知らないうちに偏った方向に誘導されてしまいます。そしてそのスピードは、案外速い。検索アルゴリズムは閲覧数を上げるために、より情緒に訴える極端な情報アイテムへとユーザーを引っ張る習性があるからです。したがって、れいわ新選組を調べた人、百田尚樹さんの本を読んで検索した人、有機農法や反ワクチンで参政党のサイトを見た人の終着駅はそれぞれまったく違うものとなり、交わることがなくなってしまいます。

れいわ新選組、百田尚樹さんワールド、参政党それぞれの考え方で次第に手なずけられた人々はスタート地点の問題意識が同じだったとしても、到達する考え方や価値観が相容れなくなり、お互いの縄張りや主張を超えた会話や意見交換ができなくなっていき、最終的には敵同士になってしまうのです。もう、その時にはバイアスのかかっていない情報や声に対して貸す耳は無くなっており、偏見の塊になっていることに気づけなくなっています。

なぜこんなことが起きるのか？

大前提として「検索結果はニュートラルに情報を提供してくれる」と多くの人が無意識に信じてしまっているからです。ネットで検索することで出てくる情報は正しいと思い込む、まるで性善説のようです。そのため根が真面目な人ほど、リンク先をクリックし続け、それぞれのまるっとしたテーマパークに居場所を見つけてしまい、「真実を知って」しまうのではないでしょうか。

その人にとっての「真実」である陰謀論的な世界観はとても気持ちの良い迷宮であり、ずっと居続けたくなる竜宮城でもあります。自分がカモられていることは、ずっと後になって玉手箱を開けた時に思い知るのです。その時にはすでに遅く、もう大事なものはあなたの手には残っていない。まずは「検索結果はニュートラルに情報を提供してくれない」ということを知っておいてください。そして、あなたの大切な人が検索結果で出てくるものを鵜呑みにしてしまっているなら一声かけてあげてください。もしかすると言い争いになるかもしれません。それでもその人が竜宮城で何年も知らずに過ごすことを防げると思えば、やってみるだけのことはあるかも。

キーワード❶令和国民会議

「日本社会と民主主義の持続可能性」をキーワードに、日本社会の人的・知的・制度的な基盤を少しでも豊かにし、次の時代に引き継ぐことを目的に活動。平成から先送りされてきた構造改革課題、特に世代や党派、立場を超えて取り組まなければ前に進まない課題に取り組んでいる。単なる「紙づくり」ではなく、改革を一歩でも前に進めるために汗をかき、合意形成活動・世論喚起に尽力することを目的としている。

円安で日本人が出稼ぎにいく時代に

かつて日本の安くて良質なサービスを支えていたのは、東南アジアから出稼ぎにやってきた若者たちでした。ところが技能実習制度は本来の目的から大きく乖離し、単なる労働力確保の手段となり、人身売買の温床になってしまいました。賃金未払い、「時給三百円」の低賃金、不当解雇、強制帰国、前借金（債務労働）、セクハラ、暴力、労働災害、メンタルヘルス、妊娠・孤立出産などのおびただしい人権侵害が指摘されてきましたが、事件や失踪が相次いでもメスが入るのはずっと後回しででした。

ソーシャルメディアの普及もあり、技能実習生たちも自らが置かれている劣悪な状況を自覚し、声を上げていきました。それもあって人権団体が次々と訴えを起こしてようやく世間的にも知られていき、警察などが介入するようになりました。

さらに二〇二三年六月、アメリカ国務省が世界各国の人身売買に関する年次報告書を発表しました。日本は外国人技能実習制度の下で強制労働の報告が続いていると指摘し、「最低基準を完全に満たしていない」として四段階のうち上から二番目の「対策不十分」に据え置かれました。同じ年次報告書では、新疆ウイグル自治区で「職業訓練」や「脱過激化」を装ったウイグル族ら少数民族への強制労働が横行していると中国を非難もしています。むしろ中国のウイグル迫害に近いのではないか、という不名誉な印象が残るものとなりました。

このあたりから日本政府もようやく重い腰を上げ、二〇二四年三月に外国人の技能実習を廃止して「育成就労」を創設するため、技能実習法、出入国管理・難民認定法などの改正法案が国会に提出され、六月に参院本会議で可決・成立しました。同じ職場で一〜二年働いて日本語と技能について一定の要件を満たせば転籍（転職）を認めるとしたもので、二〇二七年までに施行される見通しとなっています。

改正法は外国人が人間らしく働けるようにする改革ですが、同時に外国人労働者が増えることを見込んで、永住許可に関する厳格化も盛り込まれました。「故意に税金や社会保障の支払いをしなかった」場合や、在留カード（かつての外国人登録証明書）の不携帯など入管法違反の場合に永住権が剝奪されるというものです。

急病や失業で税や社会保障を払えなくなったケースでも、払う義務があることを知っていれば法律的には「故意」とみなされる可能性があります。また、うっかり在留カードを家に忘れることもありうる話で、相当厳しい法律になる見込みです。

私自身、日本で人生の半分以上を過ごし、テレビにレギュラー出演して顔を知られていますが、何かのはずみで誤解を招かないように常に在留カードを携行しています。ロケ撮影ではすぐ近くにいるマネージャーに預けています。強制送還の可能性がどの外国人の脳裏にもうっすらとちらついている日本は、共生社会とは逆方向に進んでいるように見えます。

そもそも外国人労働者から見て、現在の日本は本当に魅力的なのか？

文化レベルの高さや清潔さ、治安の良さ、インフラの便利さ、快適さはプラス材料ですが、同時にマイナス要素も多いのです。

まず通貨が弱い。その分、旅行者として訪れるにはコスパが高く、お得感ずくめではあります。東南アジアをはじめ新興国の若者も銀座に押し寄せ、ラーメン屋とユニクロだけでなくシャネルやヴィトンの店舗にも行列をなしています。ただ日本で給料をもらうとなると国際的に目減りする上、現在はインフレが進行中。まず「数字」だけでも日本は就労先として優先順位を下げています。

加えて日本では英語があまり通じません。一般の日本人はスイッチが入れば英語の理解力は高く、ＪＲや各地の飲食店で英語ネイティブではない皆さんががんばっている姿を日常的に目撃します。これが案外、彼らに伝わっています。ただ、やはり積極的にブロークンなままの英語を駆使しようという意識が定着していません。加えて在来線や地下街などは日本語表記オンリーのところが多く、インバウンドさんたちはよく立ち往生しています。

一例として、日比谷駅の改札を出たところで周りを三六〇度見回しながら相談している外国人グループをしょっちゅう目にします。また以前、近鉄線の改札内で若い駅員さんがまったく英語を話せず、質問する外国人旅行客に両腕で「バッテン」をするのみ、という場面も目撃しました。

スマホの翻訳機能がさらに進化すれば言葉の問題が解決される日も来るかもしれませんが、今の今は英語話者にとって日本滞在は便利で快適とは言えません。細かい注文を付けるようで恐縮なのですが、新幹線の中で流れる英語アナウンスも的を射ていないものが多く、ご依頼いただければ無料でアドバイスしたいとさえ思っています。

東南アジアは経済成長（ASEANの経済成長率二〇二三年ランキング一位はフィリピン、二位はインドネシア、三位はベトナム）の真っ只中なので、東南アジアや中国の若者たちはそんなアジア各国の大都市圏に集まり始めています。

日本は今一つというところで魅力に欠けていて、働き先としては彼らにパスされるようになっています。日本人の人口そのものが減少、少子高齢化している以上、外国人が働きたがらないことは人手不足の深刻化を意味しています。日本の経済水準を維持するためには、やはり正式に健全な移民制度を定めるしかないと多くの識者も指摘しています。それなのに、政治はひたすら移民への恐怖や嫌悪感に配慮して逃げ回っているように見えます。真正面から個別にメリット・デメリットを国民に啓発する時が来ているのにです。

さて、移民は日本に入ってくる人ばかりなのでしょうか?

実は日本人も、一世紀以上前から海外へと集団移住していました。一八八一年(明治十四年)、当時はまだ王国だったハワイのカラカウア王が日本を訪れ、明治天皇と会談し、ハワイへの日本人の移民を直接願い出ました。その願いは受け入れられ、一八八五年(明治十八年)に両政府公認の集団労働移民である「官約移民」が実現しました。およそ二十二万八千人の日本人が応募し、選ばれた人々は順次ハワイへと向かうことになりました。

官約移民を乗せた最初の船は、官約移民に関わった井上馨《かおる》外務大臣の出身地である山口県の港から出航。山口県と広島県を中心に日本各地から移民希望者が集まり、一八八五年から一八九四年の間に、二万九〇六九人がハワイという新天地へと希望を持って渡っていきました。

一八九四年にハワイ王国は終焉し、その後アメリカ合衆国に組み込まれます。その過程でも日本人はプランテーション労働者としてどんどんハワイに移民し、一八〇〇年代末から一九〇〇年代前半にかけて、一時、ハワイの人口のおよそ40%を占めるに至りました。

日本からの移民先は順次アメリカ合衆国、カナダ、ペルー、ブラジルなどへと広がっていき、過酷な労働条件や排斥運動、法的な差別、向上しない社会的地位といったハードルを乗り越えて世界各地に根を張りました。

二〇二二年の時点で日系移民は子孫も含めると四百万人いると推定されています。日本はかつて大規模な移民を他国へ送り出した国だったわけです。

そして今再び、日本人の海外永住が静かに増えています。『朝日新聞』が報じた外務省の海外在留邦人数調査統計によると、二〇二二年十月一日現在で永住者は過去最高の約五十五万七千人になっています。新型コロナ禍で留学や海外駐在などでの長期滞在者が減少する一方、より良い生活や仕事を海外に求めた人などの永住者が前年比で約二万人増えました。

在留国で永住権を認められて、生活の拠点を日本から海外に移した「永住者」はこの二十年連続で増加しており、十年前と比べても約十四万人超増えています。

地域別では北米（約二十七万四千人）、西欧（約九万人）、豪州・オセアニア（約七万六千人）が多い。男女比でみると女性が約62％と多い状態です。日本人がより良い生き方を求めて出稼ぎ、移民する時代が再び始まっています。

一九八〇年代の世界でも最も勢いのあった日本経済を作っていた日本固有のシステム（年功序列や終身雇用）はすでに崩壊しており、日本で働き続けていけば増え続ける税負担に村社会的な同調圧力に苦しめられるだけ、親ガチャと言われるような環境や生まれた家庭次第で受けられる教育にも圧倒的な差が出てきています。そんなことに嫌気が差した人たちが日本を脱出していっています。海外に移住していくのは、いわゆるホワイトカラーで仕事は居住地にとらわれない働き方をしている人たちが多いというのも事実です。

そして、ホワイトカラーでないブルーカラーと呼ばれる農業や水産業や工場勤務などをしている人たちも、この円安時代においてはなんとか糊口を凌ぐために海外へ出稼ぎに行くというパターンが増えています。ニュースで、ホストクラブでの借金のために海外売春をさせられている女性たちのことが最近報道されていましたが、それももう日本では稼げないというリアルな現実があるからです。

例えば日本で介護士をしていた人が英語を学んで、オーストラリアで働き始めたら月給が四倍になったという話も出回っています。これからサービス系の人材はますます海外に出稼ぎに行くことになるでしょう。両方向の国際化は望ましいことでもあります。ただ、そうなると日本国内から働き手が流出することになり、人材不足に拍車がかかってしまい、産業セクターによっては激しく空洞化していくと考えられます。日本経済が回らなくなるその前に、マジで移民政策は考えた方がいいと思います。

おまけです。ゲームの達人になってスカウトされて、「e－スポーツ」で日本にいながらにして外貨獲得という「VR移民」の道もあるようです。もう部屋から出ていかなくても、外国で働ける時代が訪れています。

キーワード❷技能実習制度

一九九三年に導入された「技能実習」の在留資格で日本に在留する外国人が報酬を伴う実習を行う制度。二〇二三年十一月、人権侵害の指摘があるとして、有識者会議は技能実習制度を廃止するとした最終報告書をまとめた。二〇二四年三月十五日、外国人労働者の新たな在留資格「育成就労」の創設を柱とした技能実習法などの改正案が閣議決定された。

凡庸な人ほど生きづらくなっていく

先ほどかつて日本人がハワイに集団移住したという話をしましたが、世界中で大人気のポップスターであるブルーノ・マーズもハワイの生まれです。二〇二四年早々に東京ドーム公演を五日間行って、その中でAKB48の「ヘビーローテーション」を口ずさむというサプライズがあったとニュースになっていました。

ブルーノ・マーズはお父さんがプエルトリコ人と東欧（ハンガリー・ウクライナ）系ユダヤ人のミックス、お母さんはフィリピン人のミックスなんですが、もう民族的な多様性を象徴しているような存在です。音楽はファンキーでアフリカ系の音楽もやっているし、ポップミュージックの歌い手としてグラミー賞を十七回受賞している世界的なミュージシャンです。

ブルーノ・マーズのような多様性を具現化している存在はアメリカや他の国ではすでに当たり前になってきていますが、どうしても日本に暮らしているとそのことがわかりにくいでしょう。もっと正確にいうと、そういうミックスの人を見ることも触れ合うこともほとんどないため、現実感がないといったところでしょうか。そこに関しては移民問題も含めて、日本の時計の針があまりにも遅い。世界から見ても何周も遅れている。そもそも女性の賃金を男性のそれに近づけるとか近づけないとか、労働者として移民を入れようかどうしようかみたいな議論をまだしている状態なんです。だから経済問題も人権問題もすべてが後手後手になってしまっています。

ブルーノ・マーズの東京ドームライブに行って、彼のパフォーマンスを十分楽しんだ日本の人たちは彼の音楽を理解できるし、カッコいいと受け入れている。それなのに、自分たちが住んでいる国内の多様化に関してはあまり興味がなくて、気にしてないのかなとも思えてしまいます。日本からだってブルーノ・マーズみたいな存在はもっと出てきていいはずなのに、それよりも前の時点で時計の針がフリーズしているんです。

外に出ていく日本人の移民のこともありますが、ぶっちゃけると若者は外に出ていく方がいいんじゃないかと思っています。円安だけではなく、海外資本が入って来る中で、日本人が「使われる側」の下請けになっていく。熊本へ台湾の半導体メーカーであるＴＳＭＣが進出したこともその一例です。外資に雇用されることをあてにする状況が定着していくと旧植民地の再来とまでは言いませんが、経済的に主導権を握れない状況に陥ってしまい、他国に対して従属的な経済圏に日本がなってしまう可能性があると考えています。

日本の構造に内在する経済の問題が深刻化すると、若者の働く現場では物理的、精神的なリスクが増えていきます。「マイナスの分配」が起こり、さらなる窮屈さを伴っていくのでやはり海外に出ていく人が増えていくでしょう。ということは、国内の働き手が減っていくことになりますし、人口減少に拍車がかかってきてしまう。あーあ、やだなあ。

いや、認めてしまいましょう。日本ではこれからますます格差が広がっていく流れです。富裕層の人たちは中国と同様に両親や親族がお金をかけて子を教育し、アメリカのハーバードを含む有名大学へ行かせ、起業させる方向に向かうと思います。あるいは現在の環境問題などについてもグレタさん基準で子どもを教育していって、時代に合う価値観を持つように育てていくでしょう。つまりお金持ち思考であり、成功マインド。

反対に、貧しい家の子どもたちは教育にもお金をかけてもらえない。だから、どうしても高学歴者しか入れない収入の高い会社へ就職することはより難しくなる。結果的にチャンスは減ってしまい、ワーキングプアが待っている。人によってはプレッシャーに負けて半グレになったり、ブラックな会社で低賃金で働かざるを得なくなってしまう。マジョリティーが「中産階級」から「元中産階級」へとスライドダウンする中、それに反比例するように富裕層の子どもたちは夏は期間限定で海外に留学したり、一年の半分は海外の学校に通うなどして、日本語だけでない他言語を話せるバイリンガルやトライリンガルになっていくでしょう。そうなると同世代の日本にずっといる同級生とは視野がまったく異なり、価値観さえ違うことになり、国籍が違うほどの距離感になってしまうかもしれません。

どこかで歩み寄ってクロスオーバーしていくのか、それともアメリカの共和党対民主党みたいになってしまうのか私にはわからないですが、富裕層とワーキングプア化する「その他大勢」の間で格差が拡大していくと、世界観すらも分離するだろうということが容易に想像できます。お金で買える高等教育や留学を通じてグローバルなスタンダードにいち早く精通し、それが当たり前の現実として見えているバイリンガル教育を受けた人たちと、そもそもビッグピクチャーが見えていない「その他大勢」。富裕層の親たちは当然ながら日本の未来を危惧して防衛本能が作動し、ますます「日本の普通の人たち」の手が届かない教育へと投資していくのではないでしょうか。これは富裕層のせいというよりも、手をこまねいて策を立てない日本政府がもたらす「ダメな未来」です。だからこそ今から中産階級の有権者たちは選挙に行って、格差を拡大させないビジョンを政治家に要求するべきなのです。日本での投票権を持たない私にもこれは明らかなことです。

富裕層の視点に言及するならば、これからの世界では自分からどんどん意欲的に学習を進め、いろんなことに興味を持ち、専門に閉じこもらず他流試合を挑んでいって、傷が回復できるうちにちゃんと失敗を重ねることでイノベーションの基礎となる想像力の「バネ」を身につけるといった、理想的なシリコンバレー戦士みたいな人があちこちで生まれてきます。その「新人類」がさらに地球規模のふるいにかけられ、イーロン・マスクのようにずば抜けたごく一部の人たちが、この世界におけるすべての富を優先的に手に入れていく構図が強化されていくと考えられます。その現象を私は「ファースト・クラス」を超えた「グーグル・クラス」と呼んでいます。

はっきり言って「ごく普通の人」にとって生きづらい世界です。

続々と押し寄せる新たな課題に積極対応するのは危機感を持ち、体力、資力の両面で余裕があるグーグル階級。日本はけっこうな速度で昭和の価値観がもう通用しない日本へと変貌する。これは移民が「日本を汚す」からではなく、ルールがグーグル階級にとって都合の良いものへと「超国家的に」合理化されるからです。富の分配だけではなく、生きる気力もいびつに分配される近未来。格差や分断を野放しにすると、同じ地球に住んでいるのに二つの異なる惑星の住人ぐらい関わり合いもなくなっていくことになるでしょう。事実上のアパルトヘイト惑星です。

ではこれから、本当にどう生きていけばいいのでしょうか？　まず状況を整理しましょう。どうしたって時代や価値観が変わっていくことを止めることはできません。そもそも昭和的な価値観を持っている人はこれからどんどん死んでいくわけです。昭和の時代には「飲む・

打つ・買う」というものがありましたが、今だと「買う」というのが推し活的なものになって継承されているきらいもあります。そんな息抜きはしかし、依存を生む要因にしかならない。

令和を生きるための鍵は、広い意味でのマインドフルネス、そしてオーガニック思考です。これは「グルテンフリーで意識が高い。だけどまずいクッキー」のような話ではありません。箇条書きにします。

（1）まず、複雑で大きな問題から逃げない。なぜなら誰か他の人、自分より偉い「お上」が何かしてくれる時代ではないから。

（2）単純な世界観へと逃げ込まない。それは餌食になることを意味するから。

（3）自分で自分を変えようとする意識を極限まで強くする。英語で言うと「take charge＝自分で仕切る」ということになります。これは自己責任論とは違うものです。アメリカの共和党や日本の自民党支持者が共通して表明しがちな、弱者にやたらと厳しい、「お前が貧乏なのはお前のせいだから誰も助けないぞ。特に私の税金ではな」というのとも違います。Z世代の自己責任論は、「私が動かなきゃ、世界は動かない」という考え方に基づく「DIY＝Do It Yourself」つまり何もわからないところからでも自力で模索するという行動原理です。

（4）そして何よりも、まず自分を信じる。それこそが力の根源だから。

Z世代は自分がちゃんと世界の「中心」にいると認識しています。この世界の主役はそれぞれに自分たちなのだという自覚です。問題を見ないようにして議論せず、その時の雰囲気だけで対応してきた大人たちが持続不能な今の世界をもたらした張本人たちであることは厳然たる事実。その大人たちを見て育ってきたからこそ、私がやらなきゃダメなんだ。この考え方が上の世代と比べると圧倒的に違う部分です。「何様のつもり」でもない。むしろ謙虚。謙虚すぎ。何もしないことで問題が解決するなら、何もしないのがもちろんいい。ただ、問題はもうすぐそこに差し迫っている。だから私が動く。隣の人も、できるところから動く。その時が来たらお互いに協力する。

「Silence is Death＝沈黙は滅びを意味する」から。

キーワード❸グローバルスタンダード

世界中のどこでも適用される基準や規格。世界を相手に競うためには国内においてもこれを形成することが重要となる。特定の国や地域、企業だけで適用される基準ではなく、誰もが共通に利用することができる基準や規格、ルールを指す。

「ホリエモン、ひろゆき、成田悠輔」若者三大カリスマの真贋

二〇二〇年代を生きる若者は新聞を読みません。テレビを見ません。本当に見てないです。見ているのは昼も夜もスマホでネットだけです。そのネット上に強いプレゼンスを打ち出している「カリスマ」たちが毎日のように話題を振りまいています。

実業家の堀江貴文氏、「2ちゃんねる」創設者のひろゆき（西村博之）氏、経済学者でイェール大学助教の成田悠輔氏などは、小学生にも名を知られるほど広範に活動しています。そしてこの三人は頻繁に物議を醸す発言をします。その都度メディアも一般社会もその賛否両論を引き起こす発言によって揺さぶられ続けています。傍若無人でありながらスタイリッシュな美学が感じられるため、熱烈とも呼べる支持層がいます。

三人が頭角を現したタイミングはバラバラです。ひろゆき氏は二〇〇〇年代初頭に匿名巨大掲示板「2ちゃんねる」が隆盛を極めた頃から名が知られるようになり、堀江氏はライブドア事件をはじめとし二〇〇〇年代中盤から後半にその知名度はピークに達し、成田氏は二〇二〇年以降に『ABEMA Prime』などに出演してマスコミの寵児となりました。

堀江氏は二〇〇三年、経営破綻した無料プロバイダー「ライブドア」を買収し、自ら創業していた「オン・ザ・エッヂ」の社名をライブドアに変更。アグレッシブな企業買収を続け、「時代の寵児」としてもてはやされます。二〇〇五年には、いわゆる「郵政解散」に伴う総選挙にも無所属として立候補。落選しましたが、既得権益に挑むチャレンジャーとして若者の圧倒的な支持を得ました。その後、ニッポン放送の株を取得し、フジテレビの支配を目論んだのですが、失敗。二〇〇六年一月、東京地検特捜部がライブドア本社の捜査に入り、偽計、風説の流布などの証券取引法違反で堀江氏とライブドア幹部が逮捕されました。二〇一一年、最高裁で懲役二年六カ月の実刑判決が確定し、堀江氏は収監されました。二〇一三年に仮釈放され、急ピッチで活動復帰。今では宇宙事業から和牛レストランに至るまで手広く展開しています。

ひろゆき氏の活動に関して、『ニューヨーク・タイムズ』記事の日本語訳（二〇二二年十二月二十七日に配信）から抜粋します。

ソーシャルメディアで日本社会のダメさ加減を論じる彼は何百万人というフォロワーを集め、日本最大級のファッションショーのランウェイに登場。国民に金融リテラシーの向上を促す政府広報の動画にも出演し、全国規模の世論調査では高校生が選ぶ「首相になってほしい有名人」の一位に選ばれたこともある。

その彼とは、西村博之。日本のお堅いルールに抑圧を感じている同国の若者から好感を集めて有名になった起業家だ。著述家、コメンテーターとしていろいろな場所に出まくっている彼を、人々は単に「ひろゆき」と呼ぶ。アメリカでは「アダム」と同じくらい一般的な名前だ。

二十冊を超える著作と何百本という雑誌コラムの中で西村は、ファンにこう促してきた。もっと自分勝手になれ、他人の目を気にするのをやめろ、そんなに働くな、法の文言に従いつつその趣旨に逆らうことで制度につけ込め――。

当初は日本で最も人気のある二つのウェブサイトを作り上げたことで有名になった西村だが、その後は社会の主流派に対して大胆に中指を突き立て、ひねくれた意見を悪びれることなく公然と述べることで、国民的なアンチヒーローとなっている。

ひろゆき氏は二〇二二年、金融庁のPR動画に登場して物議を醸しました。ネット上では、ひろゆき氏が「2ちゃんねる」の書き込みをめぐる民事訴訟で敗れた後に賠償金を支払っていないとし、起用を疑問視する声が出ました。

鈴木俊一財務相兼金融相はひろゆき氏の起用を正当化しました。彼は一部で批判の声があることは「承知しております」としたうえで、「今般の広報活動とは関係のない民事訴訟に関する事柄」だとし、ただちに問題にはならないとの認識を示しました。

ところが同年末、ひろゆき氏が登場する動画は非公開となっていました。その理由について鈴木大臣は「資産形成の促進や、金融リテラシー（知識）の向上を目的とした対談動画や解説動画を全面的に刷新することにした」と述べました。ひろゆき氏起用への批判が理由ではなく、ＮＩＳＡ（少額投資非課税制度）の拡充などが決まり、金融リテラシーの重要性が増したことから、刷新することにしたと説明した次第です。

経済学者の成田悠輔氏はテレビやネット配信の番組で歯切れよく世相を斬る発言が広範な指示を得ています。ＳＤＧｓに関する行政主催のイベントにも出演し、若い世代のフォロワーを数多く獲得しています。

私自身、ＮＴＴデータ主催の配信イベントで成田氏とリモート対談をした経験があります。すかさず打ち返すように答えが返ってくる成田氏の明晰さは印象深いものでした。その対談では、どちらかと言えば私が日本のテレビ業界を「先のない内向きな業界」と真っ向から批判するなど「危なげ」な発言を連発し、成田氏にフォローをしてもらっていたように記憶しています。司会者は成田氏の穏やかな物腰にさぞやほっとしたのではないかと思います。

ところが後日、意外な展開が待っていました。二〇二三年一月、成田氏が過去の『ABEMA Prime』やYouTubeの番組、そして講演会で複数回にわたって高齢化社会の解決のため「高齢者は集団自決みたいなことをすれば良い」という発言をしていたことが広まり、二月には『ニューヨーク・タイムズ』の記事になって全世界に配信されてしまいました。「高齢者の集団自決」や「切腹」という言い回しが問題提起のための「メタファー」だったかどうかが一つの争点になり、また未成年とのやりとりで「老人が自動でいなくなるシステム」をイメージするように誘導したことも相まって大問題に発展しました。

たとえ話として成田氏が引用したスリラー映画『ミッドサマー』が報道に盛り込まれ、私もHuluで仲間と一緒に鑑賞会を行いました。物語はスウェーデンの片田舎での夏至祭にやってきたアメリカ人大学生グループの男女が、田園の中にある架空の理想郷で恐ろしい儀式に遭遇し、村人たちに追い詰められていくという内容なのですが、映像美と容赦ない残酷描写のかけ合わせが、人によっては一生記憶に残ってしまう作品でした。遺伝で人の命の優先順位を決定する優生思想も裏テーマに感じられ、どうしても相模原市で起きた知的障害者施設「津久井やまゆり園」の事件を思い出さずにいられません。一緒に観た仲間と深夜までディスカッションが止まらなくなったほどです。よりによって一番どぎつい映画を引き合いに出し、高校生に視聴を勧めた成田氏はさすがだな、とも思いました。

この騒動は新聞各紙でも議論された後、いったん落ち着いてほとぼりが冷めたかのように見えたのですが、二〇二四年三月、成田氏はキリンの缶チューハイ「氷結無糖」のウェブ広告に起用されます。すかさず過去の「集団自決」発言がSNS上で掘り返されて批判され、「#キリン不買運動」というハッシュタグが拡散されるに至りました。初動では対応がぐずついたキリンも手のひらを返すように広告を取り下げることになりました。CM起用後に起こした問題ではなかったにもかかわらず、「過去に成田氏の発言の中にあった表現が、比喩か否かは別として、（弊社としては）過度な表現があったと判断をいたしました」と明確に説明して、コンプライアンス厳守の姿勢を表明しました。

ただ、そこでもこの問題は終わりませんでした。れいわ新選組代表の山本太郎参院議員が三月十五日の参院予算委員会で、岸田文雄首相に、成田氏の過去の発言に関する見解を問いただし、岸田首相は「極めて不適切な発言と感じております」とリアクションを返します。すかさず山本議員は、キリンが成田氏の広告起用を取りやめたことに触れ、さらに成田氏が「集団自決」発言の後、農水省のネット番組や財務省の広報誌に登場していることに関しても首相を問い詰めました。

追って三月二十二日、鈴木財務大臣は財政金融委員会で財務省の広報誌に成田氏が起用されたことを立憲民主党の勝部賢志参院議員に問いただされ、「成田氏の発言というのは極めて不適切な発言であると私自身考えておりまして、財務省といたしましてもこの発言に全く賛同していない旨を改めてこの場で明確にさせていただきたいと思います」と釈明するに至りました。成田氏は政界では針の筵《むしろ》になってしまいました。そして、ひろゆき氏の起用でも成田氏の起用でも自分でキャスティングしたわけでもないのに、記者会見や国会で問い詰められた鈴木大臣は、さぞや迷惑だったことでしょう。

キーワード❹「集団自決」発言

成田悠輔氏が日本の少子高齢化や労働生産性、人口減と地方の過疎化などについて唯一の解決策として、「結局、高齢者の集団自決、集団切腹みたいなのしかないんじゃないか」「別に物理的な切腹ではなくて、社会的な切腹でもいい。過去の功績を使って居座り続ける人がいろいろなレイヤー（階層）で多すぎるのがこの国の明らかな問題」などと度々登壇したメディアで発言していた。二〇二三年二月にアメリカの『ニューヨーク・タイムズ』が、成田氏の発言は特定の年齢層（あるいは属性）の人々に対する排除の思想に繋がるのではないかと問題提起すると、世界各国のメディアも追随してこれを報じた。それまで日本のメディアは問題視しなかったことも指摘されている。

他人の言葉を借りずに自分の言葉を見つける

さてカラフルな三人の経歴の断片を紹介してきましたが、各人とも型破りな言動が若者に大ウケしているのです。テレビを見なくなった若者に動画で直接訴求し続けるメッセージは案外広く深く浸透しているようです。

私も二〇二三年にクラブＤＪとして遠征した地方都市で、二十歳そこそこのミュージシャン青年に「モーリーさん、ひろゆきは知っておいた方がいいですよ」と説教口調で言われました。「いやあ、ひろゆきはちょっとね…」と反応したところ、「なんでですか？　いいこと言ってますよ」と少し哀れみをこめた眼差しで一瞥されたほどです。その会話の後、青年は舞台に上がり、ギターを搔き鳴らしながら自分が社会のアウトサイダーであるという歌をシャウトしていました。

後日、都内で朝のラッシュアワーの時間帯にドトールコーヒーで仕事用のノートパソコンを開いた若いサラリーマンがいて、彼がブラウザにひろゆき氏の動画サムネイルを表示しているのがすれ違いざまに見えました。昨今は自分でニュースのリサーチをしている際にも、バナー広告の中にいるひろゆき氏が笑顔で追いかけてきます。

堀江氏、ひろゆき氏、成田氏の主張には共通した流れがあります。それは資本主義による淘汰、強めの「弱肉強食」、別の言い方をすれば「優れた人の礼賛」です。少子高齢化する日本では、先に述べた構造的な理由で若い世代への分配は相対的に低くなり、お年寄りにチューニングされた「現状維持」の社会がやたらと優しく、バリアフリーでノロノロ進行に感じられます。また、既得権益を世襲する上流階級（つまりエスタブリッシュメント）も年々固定されてきているため、よほどの才能がなければ下剋上はかないません。

全体的に淀んでいて、低め安定でぬるま湯につかっているのがこの日本社会なのです。バカ正直に努力することを拒み、日本式のわかりにくい細かいルールやマナーに一切配慮せず、倫理観をせせら笑って、誰とでも喧嘩することを恐れない彼ら成功者たちの姿は若者たちに爽快感をもたらしているのです。

また三人が謳い上げる「弱肉強食」の味付けは、一九八〇年代に経済学者ミルトン・フリードマンが唱えた「新自由主義」を継承するものでもあります。優れた人が手にした果実を凡庸な「その他大勢」の人々に分配することは、経済と社会の停滞をもたらす悪しき「ゆとり政策」であり、本物が本物らしく大暴れできる無法地帯が広がることで闘志がますますたぎる、という世界観なのです。

儲けが出せない死に損ないのゾンビ企業を温存させず、やる気のない人間の終身雇用を切り捨てて、弱者をやたらと社会保障や生活保護で甘やかさない。なるべく規制を取り払って市場のパワーを解放し、アンプのダイヤルをマックスの「10」いや「11」にオーバードライブすることで真のイノベーションがもたらされるのだ、と。いざ月面へ、その向こうの火星へ、という勢いで「新自由主義」を加速させていこうとしています。

これらの「新自由主義」を体現している超人たちはそれぞれにスーパーパワーを持っており、断定口調でわかりやすく言葉を放って、そこそこのインテリやぼんやりした権力者たちを一言で論破して回ります。それは「自分は世界のことがわかっているんだ」という強い意思表明であり、神の視点を思わせる全能者のようです。

このバイブスに感応してしびれるのはホワイトカラーの三十代から四十代男性にとどまらず、デリバリーをするギグワーカーたちすらも彼ら三人の方向を向いただけで「ビビビッ」と魔法にかかってしまう。私はそのワクワク感を「強者憑依」と呼んでいます。

三人の超人から受け取った言葉を身にまとい、その口ぶりを真似てみる。すると自分が一歩、アリババのジャック・マー（馬雲）に近づいたような気がしてくるのでしょう。強者のポジションに成り上がった時を、今からシミュレーションするのが日課になっていく。自分が「ＳＨＥＩＮ」や「Ｔｅｍｕ」を創業したらどうなるだろうか、「いや、イーロン・マスクや柳井正、孫正義のようにでっかい山を当てたなら」と推しているヒーローに近づくためには動画を観て、サブスクライブして、課金してセミナーにも入門。一歩、また一歩とジャック・マーが自分に近づいてくる。特別会員になったらヒーローたちと直接話せるかもしれないという期待がより信仰心を昂《たか》ぶらせていきます。

そして、一定の期間が過ぎたある日、かなりのサブスク会員に「その時」が訪れます。「事業は起こせましたか？」「成功を収めましたか？」「今いる会社で昇進、昇給しましたか？」「まだ準備中ですか？」「（堀江さん、成田さん、ひろゆきさんは）あなたが愛するのと同じぐらいにあなたを愛し返してくれましたか？」という悲しい現実が。

信じていたはずの魔法が薄らいだ時に人はどうなるでしょうか？

ある人は幻滅してサブスクや彼らのコンテンツから離脱するでしょう。あるいは次の自分がなりたい、目指すべきヒーローを見つけて引っ越す人もいるでしょう。逆に、ギャンブル依存症のように前よりもさらに強く三人に帰依する人もいるはずです。

客観的に見れば、それはただ、本人が気づかないうちに日常から転げ落ちているようにも感じられます。実際に転げ落ちる人ほど、まだ大丈夫だと思い込む傾向があり、落ちる速度が加速していることに気づかないまま落下していくのです。

ご参考までにアリババのジャック・マーですが、絶頂にいた二〇二〇年、中国政府を批判しました。するとアリババ傘下の金融会社「アント・グループ」のＩＰＯ（新規株式公開）が突如中止となり、ジャック・マーは行方不明になったのです。同年、歯に衣着せぬ発言で「中国のトランプ」の異名をとる不動産業界で財を成した富豪のレン・ジチャン（任志強）も、習近平を批判した後に数カ月間行方不明となり、その後、汚職容疑により十八年の禁固刑で収監されました。二〇二三年には北京に拠点を置く投資銀行「チャイナ・ルネッサンス・ホールディングス（華興資本）」のバオ・ファン（包凡）会長も連絡が取れなくなりました。

あなたの魔法、まだかかっていますか？

中国政府についてのコメントさえ慎重にすれば、まだいける。周りをグルリと確かめてから物を言うのが、大人の知恵。そう即答できた人もいるかもしれない。中国政府に配慮してから物を言う、といった忖度の集積体を「エスタブリッシュメント」と呼びます。気がついたらグルッと回って青年会議所の玄関に着いていた、というオチです。券を買ってパーティーに行けば自民党の若手代議士と名刺交換ができるかもしれません。でも、その時点でゴールポストは風雲児ではなく、風雲児の取り巻きへとシフトしているんです。

ヒーローごっこがしんどくなったら、まずは転がっている自分を認めましょう。現状を認めましょう。自分をメタ認知して客観的に見ることができれば、一度は止まれます。他人の言葉を借りず、不器用なままの自分の言葉を見つける。それができれば本当のあなたに再会し、その時から自分自身の変化が始まっていくのです。

キーワード❺ 新自由主義

新自由主義（ネオリベラリズム）は一九三〇年代以降、社会的市場経済に対して個人の自由や市場原理を再評価し、政府による個人や市場への介入を最低限とすべきと提唱する経済学上の思想。一九七〇年代以降の日本では主にこの意味で使用される場合が多い。資本移動を自由化するグローバル資本主義は、新自由主義を一国のみならず世界まで広げたものと言える。国家による富の再分配を主張する自由主義（リベラリズム）や社会民主主義と対立する。

「本音と建て前」の二重構造で戦い続けた糸井重里

「強者憑依」する若者たちの親や、その上の世代である昭和の学生運動をしていたかつての若者たちはどういう考え方をしていたのか、私の個人的な経験から語りたいと思います。

一九六〇年代、七〇年代の保守対革新のイデオロギー対立は比較的明快なものでした。占領下に決まった憲法九条で二度と戦争はしないと誓ったものの、朝鮮戦争やベトナム戦争で兵站基地として利益を得たのが日本でした。あからさまな軍事行動を控える一方でそれを奇貨として、軍需受注という形で戦争からの利益だけを掠め取る、というさもしい行為。それが起爆剤となり、アメリカ経済と一体化した「戦後復興」がありました。

当時の若者たちは資本主義の植民地経済と帝国主義支配によって、先進国の私たちは恩恵を受けているが、そんなことをしている大人たちは恥を知れという空気でした。日本の若者にもアジア、中東、中南米やアフリカの労働者と連帯しようという考え方が広まり、世直しの理想に燃えた若者たちは、大方の問題を「帝国主義」や「戦争犯罪と向き合わなかった日本国家、その根幹たる天皇制」のせいにすればよかったのです。

「植民地支配と戦う。帝国主義と戦う。打倒資本主義！」と世界平等、労働者の解放を熱く、実直に目指した若者たちが学生運動の主体でした。この運動の輪郭を簡単に説明すると、「フランスや西ドイツでは学生たちが次世代の価値観の主導権を握るきっかけとなり、アメリカではベトナム反戦、公民権、フェミニズムとLGBTライツに流れ込み、韓国では学生と市民がひたすら官憲と軍隊にボコられ、日本ではハチのムサシになって討ち死にしました。ハチのムサシは真っ赤に燃えているお日様に戦いを挑み、焼かれて落ちて死にました」となります。

日本の学生運動の象徴的な事件となった「東大闘争における安田講堂事件」に関して簡単

に説明すると「学内に立てこもる全共闘および新左翼の学生を排除しようとする警視庁機動隊との攻防戦となり、最後の砦となった安田講堂を一九六九年一月十八日、八千五百人の機動隊が包囲。放水と催涙弾攻撃により、翌十九日夕方までに六百人以上の学生が逮捕された」となります。

学生たちの力づくの世直しは官憲のジュラルミンの盾と放水車、催涙ガスの前に敗れ、その後運動の内部で方針の違いをめぐって「内なるゲバルト（内ゲバ）」が頻発しました。最終的には過激派がテロや身内のリンチや惨殺事件を起こし、一九七〇年、日航機「よど号」を赤軍派がハイジャックして北朝鮮に亡命（メンバーの一部は今もそちらで存命）。一九七二年にはあさま山荘事件が日本中に生中継され、機動隊の突入と共に学生運動は衰退を迎えました。

この事件で機動隊に配られたカップヌードルが日本中で爆発的に売れました。プロモーションで日清食品と機動隊がタイアップをしたのではなく、赤軍派が籠城する雪山の現場で配られたおにぎりとたくわんが氷点下の現場ですぐにカチカチになってしまうことから、お湯を注いで三分待つだけの新商品が役割を果たしたのでした。

緊迫したテレビ中継のカメラがカップヌードルを食べる機動隊員をアップで映したため、はからずもそれまで売れ行きが鈍かったカップヌードルのプロモーションになってしまったのです。日本社会がイデオロギーとしての「ジャスティス」よりも「ものの豊かさ」に軍配を上げた象徴的な瞬間でした。時代の主役が赤軍派からカップヌードルに交代したのです。

あさま山荘事件から十年ほど経った頃、日本はバブル前夜となり、学生運動時代の哲学的なまっすぐさ、ガチさは冷笑の対象へと落ちぶれ、最終的にはネタにされていきました。そして若者が熱狂する音楽はフォークソングではなくなり、アイドルの時代になっていきました。

一九八四年に大学生だった私は当時、時の人だったコピーライターの糸井重里さんを文藝春秋社から紹介されました。糸井さんに連れて行ってもらった料亭で、彼からかつての学生運動時代の話をたくさん聞かせてもらいました。

糸井さんが学生運動時代に逮捕された経験、デモの最前線に立つセクトのリーダーたちが機動隊との衝突直前にさっと逃げるすべを身につけていたため、捕まるのは初めてデモに出る二列目の学生ばかりだったというインサイダー情報も話してくれました。

「あの時は挫折してしまったけど、俺たちは商業の世界に入り込んで、世代ごと中から乗っ取ってやる。『おいしい生活。』を提案するけど、本当はじじいどもから少しずつ社会の操縦桿を奪い、俺たちが時代を握っていくんだ！」と表では見せない反骨精神を目の前で聞かされ、ハッとしたのを覚えています。

機動隊員たちが口にして日本中に広まったカップヌードルは学生運動における思想を打ち破った。ならば今度はカップヌードルを内部から、麵と麵の間に入り込んでハックして、この世界を変えていくという強い意志を糸井さんから感じました。やわらかそうな麵の奥にはアルデンテの芯が仕込まれている。感動してしまった私は「糸井さんがやってくれる」と体の芯で直感しました。気分はアルデンテでした。

一行で一千万円を稼ぐ「時代のカリスマ」だった糸井さんはタレントのように自身をブランド化することで、NHKから商業メディアまで網羅する形で表舞台にどんどん顔を出していき、コピー以外のこともヒットさせていきました。しかし、それは世を忍ぶ仮の姿であり、「いつか力を持ったら、そのときは俺も本音を出す」という二段構えの姿勢であり、強いメッセージでした。

「みんないつまで古い方法で戦っているの。戦わないのがかっこいいんだよ、今は。悔い改めて、遊んで生きちゃうもんね」と表では糸井さんは言い放っていました。

糸井さんからもらった何冊もの著作をその夏にアメリカに持ち帰った私は、復学したハーバード大学の寮で読みふけりました。そこに書かれている「糸井ズム」にますます感銘の度合いを深めていき、糸井さんが本性を表す日を遠くボストンで心待ちにしていました。

学生に戻った私は「糸井スタイル」の斜に構えた「粋な洒落人」の文体を英語で編み出そうと苦心しました。「おいしい生活。」を英語で表現しようと、幾通りも実験を重ねました。ところがいくらやっても「論証がなく、結論に飛躍するのが早すぎる」「説得力がまるでない」と読んでくれた周りのアメリカ人には酷評されるばかりでした。

どんなに苦心して英語で「糸井スタイル」を表現しようとしてもアメリカ人には理解され

ず、伝わらない中で私がずっと思っていたのは「なんでもっとバイリンガルがいないんだ」ということでした。

キーワード❻ 学生運動

一九六〇年の安保闘争、一九六八年から六九年の全共闘運動が日本で一番学生運動が盛り上がった時期である。六〇年代半ばにはベトナム戦争反対運動、文化大革命、パリ五月革命などの世界的な動向に現れたスチューデント・パワーの流れと呼応して学生運動が盛んになった。七〇年以降に下火になった原因としては、社会が豊かになったことでの政治離れや、「内ゲバ」と暴力が激化したことで支持を失っていったことが挙げられる。

死して今なお残る坂本龍一のメッセージ

糸井さんと並行したタイムラインで一世を風靡《ふうび》した方にＹＭＯのメンバーであり、世界的に有名な音楽家の坂本龍一さんがいます。テクノポップやニューウェイブという時代を牽引するサウンドで世界に進出し、一九八七年には『ラストエンペラー』で日本人初となるアカデミー賞作曲賞を受賞しています。糸井さんとは対象的なメソッドで数年に一度、人類全体の未来を思うまっすぐな、時に愚直な発信を続けていました。

二十一世紀に入り、日本の大都会が本当にテクノポリスへと再開発される中、坂本さんはアフリカを旅して地球視点を持つことの重要性を訴えていました。地雷撤去を呼びかける音楽ユニット「N.M.L.(NO MORE LANDMINE)」を結成してさまざまなビッグネームのアーティストと共演するなど、日本に留まらない活動と問題意識を持つことを発信していきました。

ネームバリューが超大型（強力）であるため、その都度、電通、TBS、ソトコトなどがその御輿を担ぎ、巨匠となった坂本さんは毎回テッペンに鎮座していました。糸井さんがある時点で自分を売り物にしなくなったのとは対象的に、より「おれ、坂本」の主張を前面に出していくことでその影響力を発揮し、さまざまな事柄へのコミットをファン層だけではなく、一般のなかなか問題意識を持てない人へも届けようとしていた姿が印象的でした。

坂本龍一さんは二〇〇〇年代、意を決したように「スタイリッシュ」の簾《すだれ》を自ら持ち上げ、はっきりと原発廃止を唱えるようになりました。二〇〇七年に講談社から出版された『ロッカショ　2万4000年後の地球へのメッセージ』の冒頭に以下の言葉を寄せました。

まず知るということが大切。知らないということ、無知ということは、死を意味するというか、死につながる。

「ロッカショ」とは、青森県六ヶ所村で建設途中だった核燃料の再処理工場のことです。原発で使用した核燃料を再処理してプルトニウムを取り出し、再び原発で使う「核燃料サイクル」の中核施設として、電力メジャーが出資する日本原燃が一九九三年に着工しました。当初は一九九七年に完成する予定でしたがトラブル続きで迷走していました。その施設にストップをかけよ、と坂本さんは他の文化人たちと共に声を上げ、音楽家と同時に活動家である自身をはっきり世に示しました。

坂本さんの持つ影響力は二〇〇〇年代後半、日本の音楽業界のみならずサブカルチャーの隅々にまで届いていくことになります。


私は二〇〇九年から二〇一〇年にかけてネットで実験的な配信をしながら地方を行脚していましたが、広島県福山市の鞆《とも》の浦というのどかな漁港を訪れた時、地元のヒップホップ・ファッション店で働くB-Boyたちから反原発の運動に加わるよう勧誘されました。

中国電力が山口県上関町《かみのせきちょう》に核燃料の中間貯蔵施設を建設しようとしていたのですが、同じ瀬戸内海繋がりでとても近いものに感じていたようです。また、日本で最後のヒッピーとも呼べる長老たちが主催していた山の中で行われるフェスティバルを訪れた時も、中国電力の祝島《いわいしま》進出を断固阻止するというミーティングがテントの中で催され、マイクを渡されて賛同を強く求められる場面がありました。

この双方の場面で私は原発反対へと気持ちよく振り切れることができず、礼儀をわきまえた消極的な答え方しかしませんでした。原子力と核兵器が同一視される論理展開、並びに旧ソ連時代のウクライナで起きたチェルノブイリ原発の事故と日本の技術水準で建設された原発を同じとみなす、思想性が強めの語り口に違和感を覚えたからです。基礎学力がない「村人」たちが活動家から吹き込まれた入れ知恵をオウム返ししているようにも聞こえました。

また同じ頃、私は中国のチベット自治区と新疆ウイグル自治区を旅して衝撃を受けたばかりで、少数民族の人権問題を日本にもっと知ってほしいという意識でいっぱいになっていました。「中国の人権問題はどうでもよくて、原子力をとにかく一刻も早く止めなくてはならない」といった、その活動家チックなオルグに馴染めなかったのです。

当時、週に一回のFMラジオ番組で国際情勢を解説していた私に東京工業大学の先導原子力研究所の澤田哲生助教から依頼があり、大学生を対象にチベットやウイグルを含めた世界の民族問題や紛争、イスラム原理主義などに関してのトークセッションを連続的に開催していました。さらに澤田助教の紹介で原燃のイベントに呼ばれ、中曽根康弘元総理の同時通訳をやったり、福井県敦賀市の高速増殖炉「もんじゅ」のイベント司会および基調講演という、さらに踏み込んだ仕事をするようになっていました。今その時のことを振り返ってみると原子力業界のスポークスマンになるべく期待されていたのだと思います。業界の関係者が私への期待を直接口にする場面もありました。

そこにはジレンマがありました。一方で音楽活動の業績が世界的に知られている坂本龍一さんと自分が同列に並べられることには、非常にくすぐられました。電子音楽家として商業展開していない自分であっても、イデオロギーでは坂本龍一さんと対決する土俵に持ち上げられる、という誘いには、ふわっと来るものがありました。しかしそれは同時に自分でもよく理解していない原子力のあり方を業界にとって都合よく代弁する「アポロジスト」の役割を買って出ることになります。つまり、嘘が含まれます。さらに、坂本龍一さんも原子力の専門家ではない。仮にどこかで公開討論を行ったと想像しても、二人のセレブリティーがそれぞれ反原発、原発推進の「宣伝大使＝プロクシ」になって戦っている図式になります。

そもそも私には原子力の是非を問うだけの物理学、数学を含む基礎教養は備わっていません。ハーバード大学一年目の二学期で「多変数微分積分学」に遭遇した段階で脱落しました。原子力業界が日本国民を自力で説得することができず、文化人を使って原発容認の雰囲気を醸成するという手段は姑息です。さらに私が多額の報酬と引き換えに原発を積極的にＰＲした場合、坂本さんのみならず坂本さんのブレーンとなっている反原発陣営の矢面に立ち、論破する責任を負うことになります。

とは言え、ラジオ番組のレギュラーを一本抱えただけで事務所にも所属していなかった当時の私にとって原子力業界から来るさまざまな通訳、司会などの仕事のオファーは金銭面でも魅力的でした。当時の自分は「体は売ってもキスはしない」という「すれすれ感」で受注を続けていました。別にチェルノブイリ事故がまた起きるわけじゃなし、原発が好きか嫌いかなんて、所詮感性の問題だろ。キヨシローとか。

と、十全のリスクヘッジをしたつもりだったのが二〇一〇年の年末。その後まもなく、二〇一一年三月十一日に東日本大震災が起こり、福島原発のメルトダウン事故が発生してしまいました。その日から今日に至る反原発とリベラル左派のスクラムが組まれ、太くて短い政治の季節、「反原発」の嵐が日本社会を吹き抜けることになりました。

その「ミニ文化大革命」の中で東工大の澤田助教は「原発御用学者」として、私自身も「原発御用文化人」のリストに入れられてしまい、ネット上でも出演したテレビ番組でも「反原発」派たちからフルボッコを頂戴した次第です。

「首都圏反原発連合」をはじめとした活動家たちが大規模なデモを連日率い、国会が何度も包囲されました。『朝日新聞』『毎日新聞』『東京新聞』『しんぶん赤旗』は脱原発運動を全力応援していました。このまま行くと、経済性を度外視した形で日本中の停止した原発が即座に廃炉になりそうな勢いでした。

二〇一二年七月には代々木公園に十七万人（主催者発表）が集結し、そこにノーベル賞作家の大江健三郎さんと共に坂本龍一さんが駆けつけました。この集会で坂本さんが演説した言葉が大きく報道されました。

「たかが電気のために、この美しい日本、そして国の未来である子どもの命を危険にさらすようなことはするべきではありません。お金より命です。経済より生命。子どもを守りましょう。日本の国土を守りましょう」

演説全体の中から切り取られた「たかが電気」という坂本さんの言葉はネット上を急速に駆け巡り、どちらかというと冷ややかなレスポンスが相次ぎました。

実際には坂本さんは演説の中で、四十二年前に十八歳だった自分が日米安保改定反対でここに来ていたという話から、首相官邸前の抗議は残念ながら政府には届かないからこのような集会をしたり、パブリックコメントを書いて送ることを続けよう。そして脱原発の自治体の首長を増やしていくこと、そして長期的に電力会社への依存を減らしていこうと話されていましたが、この部分だけを切り取るミスリードに多くのネット民たちが動かされる形になりました。ネット記事のタイトルはある種の釣りであり、中身とは真逆なことも多々ありますが、この時も同様に全文を読めばそのメッセージの本来の意味は伝わるはずで、にもかかわらず多くの人は切り取られた部分だけを見て反応していたのです。

ツイッター上で冷ややかなレスポンスが飛び交っていく様を見て、私は脱原発がピークアウトしたのだとわかりました。原発御用文化人として繰り返し罵られていた自分としては、「ニヤリ」と思ったのはごく自然なことでした。ネットの炎上や侮蔑的なコメントは今も全方位で日常的に書き込まれています。その標的として自分自身がさらされるという経験は、トラウマとして残ります。誰かが家までやってくるのではないかという恐ろしさも含まれますが、行った先々で書き込みを読んだ人たちの何人かに一人が炎上を真に受けていたりするので、その都度対応を考えておく必要があり、消耗します。

東日本大震災の直後から脱原発の機運は急速に加熱し、オンラインでも路上でも祭りがシュートアップしました。ところが時間が経ち、「放射能で日本に住めなくなる」などのデマが色褪せ始めて、脱原発の波に乗ってＳＮＳで大暴れしていたお調子者のアカウント主や実名を出した文化人たちの言動にほころびが見られたタイミングで急冷していきました。

地震にも原発事故にも初動の対応がまずかった当時の政権与党だった民主党は有権者の信を失い、二〇一二年末の衆院選で政権交代が起きて第二次安倍政権が発足することになりました。以降は保守勢力と原発容認・推進派が合流してじわじわと盛り返し、自民党政権のアジェンダと化していきます。

その後もリベラル左派陣営の新聞や言論人の反原発応援、ことさらテレビ朝日『報道ステーション』のアジテーションは続きました。しかし、国民は昼も夜も原発のことを考えるのに疲れていき、二〇一七年のトランプ政権誕生で国際情勢が不安定化した後はますます原発問題が日常において優先順位で下がっていき、コロナウイルスがアウトブレイクする頃には「ほとんど誰も気にしない」トピックにまで格下げされ、日本各地にある原子力発電所の火は再び一つ、また一つと灯されていきました。化石燃料ではなく、原子の火です。

しかし脱原発運動がどう盛り下がろうと、坂本さんは癌が見つかった後も精力的に社会への発信を続け、二〇二三年にその命をまっとうされました。元々のラディカル青年が最後まで一途に、音楽家としても活動家としても迷いなく突進したライフワークでした。

私は自分が出会い、あるいは巻き込まれた先輩たちである糸井重里さん、坂本龍一さんそれぞれのフレーバーに影響を受けました。反骨精神と商業主義の両輪をどう解決するのか、二通りの教科書を見せられた思いです。私と同世代の多くは一九八〇年代から二〇〇〇年代までをノンポリで駆け抜け、二〇一一年に改めて、というか今さらのようにマニュアル化された「簡単な」正義に目覚めました。その後の二〇一九年末から世界中に広がっていったコロナでしょんぼりした後はほぼ力尽きて守りに入り、直近ではインフレを心配しています。

団塊の世代と一九六〇年代生まれはどんどん日本経済がよくなる中でさまざまな思想やサブカルチャーに染まりました。日本の経済成長のものがたりに世代ごと裏打ちされていました。対してZ世代はハシゴを外されています。

個人的には、私のような世代とZ世代の間にいるロスジェネと呼ばれた超就職氷河期世代に私たちがバトンを受け渡すことができず、彼らからZ世代へということが二世代にわたってできていないことが問題だと考えています。この日本の停滞状況を打破する「落とし前」を私たちの世代がつけないといけないなと、ずっと思っています。

キーワード❼東日本大震災

二〇一一年三月十一日十四時四十六分に発生した東北地方太平洋沖地震のこと。地震と津波に伴い福島第一原子力発電所事故による大規模な災害が引き起こされた。東日本各地での大きな揺れや、大津波・火災などにより、東北地方を中心に十二都道県で二万二二二二名の死者・行方不明者が発生した（震災関連死を含む）。福島第一原子力発電所におけるメルトダウン発生は、全世界に大きな衝撃を与えた。

ヒストリー・オブ・モーリー
History of Morley

2

「音楽」が私を変えた
〜ジョン・ケージとブライアン・イーノ

最先端の電子音楽のカクテルを浴びる

私はモジュラーシンセサイザー、そしてジョン・ケージと出会ってかなり人生の進路が書き換えられてしまったところがあります。それほど強烈な出会いでした。あまりに太陽系の辺縁、冥王星の向こうに行ってしまったので「ノーマルなごく普通のバンド生活をできていたなら」という後悔にも似た念が、その後しばしば起こりました。日本で言えばアナーキーやブルーハーツのような道を進んだはず。

「まっすぐ青春を燃焼しよう」そう思った十八歳の私は東大を在籍わずか一学期でやめ、アメリカに渡りました。そこから始まる「ものがたり」が、やたらと険しい最高峰のハーバード大学だったところからして、もうズレていったわけですが、大学二年生の時に学内でオーディションを受けて電子音楽の教室に「合格」したところから運命が決定的に変わります。電子機器と音響機器、ケーブルと電源が満載のスタジオに出入りする日々がスタートしました。「電子音楽」とはそれまでに聞いたことのある日本のＹＭＯでもアメリカのドナ・サマーが歌う「I Feel Love」でもイギリスのＥＬＯやピンク・フロイドでもなく、現代音楽というものの系譜を引く実験的な芸術表現の最前線だったのです。当時は「純粋電子音楽＝pure electronic music」という呼び方もされていました。スタジオを仕切っている教授は現代音楽の巨匠の一人、イワン・チェレプニン（Ivan Tcherepnin）でした。

イワン・チェレプニンは子どもの頃、一家でフランスからアメリカに移住し、成人してからもフランス語訛りの強い英語を話しました。あまりにフランス語寄りの発音だったため、当初は言葉が聞き取れないほどでした。著名なロシア人作曲家の父から管弦楽の作曲法を受け継ぐも一九六〇年代の社会変動の中で伝統から逸脱し、兄、サージ・チェレプニン（Serge Tcherepnin）が設計したモジュラーシンセサイザーの使い手となります。戦後、西ドイツを中心に電子音楽は新たな国策であるかのように予算が付き、巨匠であるカールハインツ・シュトックハウゼンも活躍していましたが、サージ・チェレプニンとイワン・チェレプニンの兄弟はシュトックハウゼンに師事したのでした。

つまり一言にまとめると、前衛音楽と西洋圏以外の民族音楽、そして先端を行く電子音楽が合体したそのカクテルを私はハーバードの一室で浴びたのでした。大学二年生の新学期初めから電子音を出力する発振器（シンセサイザーの元になっているオシレーター）の使い方を学び、同時に資料図書館で世界中の民族音楽を聴く課題を出されました。バリ島のガムランから西アフリカの小国ベナンのトランス状態の合唱、パキスタンの民謡、そして日本の僧侶たちによる声明《しょうみょう》。早々に耳の中、心の中が「ドカーン」となった次第です。アメリカ社会に暮らす日米ミックスの自分をとことん問い詰め、「日本人とは何か」「日本の心とは何か」をケンブリッジの町中を歩きながら考え込み、靴底をすり減らしました。同時に音楽学部の授業で学ぶモーツァルトやベートーヴェンから湧き出る「西洋音楽」が民族音楽より上に置かれ、白人文明に由来しない「その他」の音楽が下に置かれていることに疑問を覚え、その疑問はじきに激しい嫌悪感と怒りにさえ変わっていきました。傍から見たなら、私は前衛の灯が心に灯り、急激に先鋭化していったのです。

日本の高校を出てアメリカのディーヴォやイギリスのXTC、ザ・キュアーに心酔していた少年として渡米（帰米）わずか一年で、ニューウェイヴもYMOもすべて「お荷物」として放り投げ、私は電子の音の海に飛び込みました。作曲家ジョン・ケージが教室を訪問した時のやりとりが決定的でした。何を話したのかもう覚えていませんが、ケージの顔だけ思い出せます。

ここでさらにジョン・ケージとはどのような作曲家だったのかを少し詳しく説明する必要があります。ジョン・ケージは「禅」、つまり日本の禅仏教の考え方を音楽の中心に置いた作曲家でした。ただし一朝一夕で禅に至ったのではなく、そもそもは二十世紀初頭から続く現代音楽の系譜の中で徐々に成熟した人でした。

初期のジョン・ケージはオーストリアからアメリカに帰化したユダヤ系作曲家アルノルト・シェーンベルクに師事していました。シェーンベルクはウィーンを拠点に「無調」の音楽や「十二音技法」と呼ばれた壮大な試みを進めていましたが、一九三三年にナチス・ドイツを逃れてアメリカに移住します。そこに熱烈なラブコールを送って弟子になったのがケージでした。しかしシェーンベルクにとって「無調＝atonal」と呼ばれる、和音のくくりを逸脱した作曲法はヨーロッパの和声の集大成でもあったようです。つまり「無調」の音楽を作曲するのならば、まずクラシックの技法をまるごと修得し、その上で拡張すべきだとの考え方でした。ケージはこれに反発し、シェーンベルクのもとを離れてからはむしろ「無調」を強調する方向へと進みます。

一九四〇年、ケージはピアノを楽器というよりも「物体＝オブジェ」として扱う「プリペイド・ピアノ＝準備されたピアノ」を用いた作品を発表します。「準備」というのはピアノの中にある金属弦（つまりピアノ線）の間にゴム片、ねじ、ボルト、木片などを挟むことを意味します。とても長い時間をかけて「準備」されたピアノはメロディーや和音を弾く楽器ではなくなってしまい、反対に個別の鍵（キー）に対して別々の短い音が鳴る「音の箱」へと変貌します。ほとんどの音は短めの打楽器に似た音となり、過去の演奏のレコーディングを聴くとどれもバリ島のガムラン音楽を彷彿とさせるものです。ケージ自身、「準備されたピアノを通じて改めてピアノは打楽器なのだと認識した」とも述べています。

戦後、AMラジオやレコードプレーヤー、電子回路、そして初期のコンピューターまでも取り込んでケージは作曲の引き出しを拡張していきました。その軌跡はどこかで「ヨーロッパの和声法を拡大して」無調に至ったシェーンベルクと似ている部分もあります。ただし決定的な違いが生まれたのは、ケージが「チャンス＝確率」を曲に取り込む選択をした時でした。

シェーンベルクと同様、ヨーロッパでの混乱と戦乱を逃れて多くの芸術家がアメリカに渡っていました。前衛運動「ダダイズム」を率いた一人でもあったマルセル・デュシャンは第一次大戦中の一九一五年にフランスから渡米し、「ニューヨーク・ダダ」の中心人物として名を馳せていました。普通の男子用小便器に署名し「泉」という作品名で展覧会に出展するなど、美術の枠を逸脱するアクションを次々と起こしていましたが、「思い通りにならないほど芸術性が高い」というイデオロギーも強く打ち出していました。

ジョン・ケージはマルセル・デュシャンと親交を持ち、共にチェスに興じる仲にもなったのですが、この時期に「思い通りにならないこと」を作品に積極的に取り入れる姿勢を打ち出します。そこに「禅」が入ってくるのです。

さて一方、日本から渡米した禅の老師に鈴木大拙《だいせつ》がいました。アメリカ国民が敵国である日本に勝利した余韻が残る一九五二年から五三年にかけて、ニューヨーク市内にあるコロンビア大学で鈴木は連続講義を行います。アメリカ国民が敵国である日本への勝利に酔い、広く悪意を抱く傍らで一部の知識人たちは東洋思想、とりわけ禅に強く惹かれており、ジョン・ケージもまたその知識人の一人として熱心に鈴木の講義に通い続けました。ケージが禅から最も強い影響を受けたのはおそらく「無為」であること、あるがままを受け入れる心の持ち方だったのだと思います。

アメリカの公民権運動とジャズの関わり

自分が受けた影響の中には、遠くジャズも入っています。私がハーバード大学に在籍した時代、大学教育においてジャズはまだまだクラシックの下に見られていました。さまざまな理由があったのですが、一番大きな理由は人種差別です。アフリカから奴隷としてアメリカ合衆国に連れて来られた人々の子孫がニューオーリンズの広場で演奏していたところからジャズが生まれたとも言われ、娼館で演奏されていた音楽、黒人労働者が大挙して工業地帯であるシカゴに移住した際について行った音楽という出自があり、「血統」に問題があるとみなされていました。

ルイ・アームストロングやデューク・エリントンのような巨匠が生まれ、ユダヤ系移民のジョージ・ガーシュウィンやベニー・グッドマンもジャズ音楽で国際的な偉業を成し遂げていました。にもかかわらずジャズは「無教養な音楽」「聖ではなく俗な音楽」「野蛮な躍動感の音楽」「即興ばかりのでたらめな音楽」などと偏見に満ちたレッテルを貼られ続けていました。ジャズがどれほど商業的に成功し、大衆に受け入れられても音楽教育でクラシックと並ぶとは、一九八〇年代のアメリカの大学では誰も思わなかったのです。

アメリカのジャズ史はあまりに多様に分岐し、ジャンルとみなせる分類も数限りなくあります。その中で特に尖っていたのが一九五〇年代末に発祥した「フリー・ジャズ」の動きです。サックス奏者オーネット・コールマンは一九六一年に同名のアルバムをリリースし、ビバップなどで完成された和声法や即興メソッドをさらに推し進めて無調やリズム逸脱の領域にまでプッシュしていきました。当然のように猛反発を受けました。

マイルス・デイヴィスも当初はフリー・ジャズを嫌いましたが、後々影響を受けるように独特の逸脱を進めていき、マイルスのファンの間でも賛否が激しく分かれるエレクトリックなサウンドのアルバム『ビッチェズ・ブリュー』を一九七〇年に発表します。マイルスがフリー・ジャズに呼応した動きを見せたことがフュージョン・ジャズを大きく後押ししたと私は見ています。

一九六〇年代のアメリカでは黒人の公民権運動が盛り上がりました。しかし一枚岩ではなく、マーティン・ルーサー・キング牧師が人種の融和を唱え、非暴力に徹したのとは対照的に、スラム（貧困地区）で主流となったのは「白人の権力、特に警察官にやられたらやり返せ」という武闘派の解放運動でした。この違いはスラム街に住むか住まないかで、同じアメリカ社会の経験がまったく異なったことにも起因していたと思います。ネイション・オブ・イスラムという急進的な黒人運動のスポークスマンだったマルコムXが暗殺された衝撃で、一部の黒人解放運動はますます過激な方向へと傾きます。マルコムXの殺害には謎が多く、元々所属していた団体との仲違いがあったのも事実ですが、マルコムの死をきっかけに「白人社会からの抑圧に対しては実力行使で戦わなくてはならない。もう話し合いは終わった」という意識が貧困な黒人コミュニティーで広く共有されました。そこに合流したのがフリー・ジャズでした。

一九七〇年代の露骨に「反米」的な詩人たちから成る「ラスト・ポエッツ＝最後の詩人たち」という集団の小規模流通したアルバムを今、ユーチューブなどで聴くことができます。ラップのゴッドファーザーとも称される伝説的な詩人たちは、ひたすらアメリカの人種差別と不正義、暴力と格差、マスメディアの偏向報道に言葉を選ぶことなく抗議をぶつけます。詩人たちの伝説はヒップホップにも受け継がれ、ラッパーのドクター・ドレーやスヌープ・ドッグの曲でもサンプリングされています。前後して一九七二年にリリースされた詩人アミリ・バラカの「It's Nation Time」という楽曲では、黒人解放を呼びかけるN‐ワード連発の過激かつ挑発的な朗読とフリー・ジャズが同時進行で錯綜しています。半世紀後の今もすさまじい聴き応えがあります。
一九八〇年代初頭、フリー・ジャズはファンクやロックとも合体する動きを見せました。オーネット・コールマンの傘下から「ジミ・ヘンドリックスの再来」と呼ばれたギタリスト、ジェームズ・ブラッド・ウルマーも頭角を現し、私は個人的に心酔していました。が、同じ頃、アメリカ社会のメインストリーム（つまり白人社会）で市民権を得たウィントン・マルサリスという天才若手ジャズマンは、フリー・ジャズを「黒人が打ち立てた音楽理論を崩壊させるもの」として攻撃。ジャズ界の中で政治思想や商業主義、あるいは白人社会との付き合い方をめぐって派閥争いが起こり、結局一番「売れた」スタイルがすべてを制するという循環が始まってしまいました。ちなみにウィントン・マルサリスはその後一九九七年にジャズマンとして初めてピューリッツァー賞を受賞しています。直近ではラップを「N－ワードの連発でむしろ黒人を奴隷制の時代へと逆行させるものだ」と批判して大炎上を起こし、長文の釈明をアップしました。

続いて電子音楽がポップスに与えた影響を紹介します。アメリカでベトナム反戦運動が盛り上がっていたロックの全盛期、イギリスから来たビートルズやローリング・ストーンズが大旋風を巻き起こし、ウッドストックのような伝説のライブもあって、アメリカ独自の路線で音楽が進化していきました。ロックを実験的に前進させたピンク・フロイドやＹＥＳ、キング・クリムゾンなども登場し、アメリカとイギリスという英語圏のロックは濃いものでした。対して日本同様に敗戦国だった西ドイツでは独自の経済発展が起こり、公共の予算が前衛的な芸術活動に割り当てられました。電子音楽の始祖の一人とされる作曲家カールハインツ・シュトックハウゼンは、部屋いっぱいにシンセサイザーが敷き詰められた専用の電子音楽スタジオで製作していました。西ドイツのラジオが「悪ノリなのか」というほど非商業的な音楽に好意的だったこともあり、電子音をコラージュした壮大で難解な作品を生み出すシュトックハウゼンはヨーロッパではロックスターのような地位を獲得。やっぱり「国のお金」の威力を感じます。戦後の西ドイツという新しい国家、新しいデモクラシーを後押しするという意味合いもあったのでしょう。

西ドイツからは独特のジャーマン・ロックも発信されます。フリー・ジャズや現代音楽にヒントを得たような即興を延々と続けるスタイルのロックも生まれ、その代表格にバンド「CAN＝カン」がありました。ボーカリストはなんと日本人で、ダモ鈴木という人物。「催眠状態になる音楽」とも言われ、とにかく幻想的でグループが延々と続くスタイル。後年のクラブ・ミュージックやミニマルにも通じる動きが聞き取れます。

同時期、西ドイツからはクラフトワークも出てきます。日本のYMOにも強いインスピレーションを提供したバンドで、デビュー当初はシンセサイザーを多用していたために「無機質なサウンド」とも呼ばれていました。今じっくり聴くと、非常に情緒的なメロディーや温かみのあるシンセサイザーの音が際立つのですが、当時は「人間と機械の融合体」というSF味のあるイメージだったのです。クラフトワークのレコーディング現場でプロデューサー、エンジニアを務めたのがコニー・プランクでした。一九六〇年代にカールハインツ・シュトックハウゼンのスタジオで働いた経験を持つコニー・プランクは「電子音の仙人」とも呼ぶべき人で、クラフトワークのように実験的な音楽のみならずデヴィッド・ボウイやブライアン・イーノを含むヒットメーカーの音楽に至るまで、電子音が絡むサウンドをことごとくカバーできました。私は生まれ変わったら、コニー・プランクになりたいです。

クラフトワークが一九七八年に発表した七枚目のアルバム『人間解体』はテクノポップが成立するきっかけにもなり、坂本龍一や初期のYMOサウンドに影響を与えました。『人間解体』を聴くと、あちこちに「モロ・坂本風味じゃん」という具材が入っています。

先ほど名前を出したブライアン・イーノは一九七〇年代以降にそれまでのグラムロックが薄まり、環境音楽やニューエイジ的な作風になっていき、前衛音楽の影響やアンビエント風味が強まっていきます。彼に惚れ込んでプロデュースを依頼する人はデヴィッド・ボウイに始まり、トーキンズ・ヘッズやU2などがいて世界的に大ブレイクしていくことになります。ブライアン・イーノは魔術師みたいにヒット作を生み出しながら、その不思議な音には実験音楽や電子音を混ぜ込んでいました。イーノのサウンドに私も惹かれていました。後でわかったことですが、ジョン・ケージに心酔していたそうです。やっぱり。

かつて、ということになってしまいますが、Windows 95 の立ち上げ音もブライアン・イーノによるものでした。そう考えるとインターネット黎明期、新しい時代の始まりとして、我々は知らないうちにブライアン・イーノの鳴らす音楽世界に暮らしていたとも言えます。

デジタル技術の発達とＥＤＭの出現

少し時代を現在に寄せてみますが、二〇一〇年頃になると音楽ソフトの大躍進が起こりました。処理能力が Mac II から Mac Pro になるぐらいの変化です。インテルのプロセッサーを採用したアルミボディになってからの Mac は処理能力が激上がりし、従来の録音スタジオと同じぐらいの音質が保証され、パソコンだけで音楽が制作できるという時代がやってきました。この前後から、フルデジタルで音楽を作成するスクリレックスなどのビッグアーティストも出てくるようになります。

そしてもう一つの大きな変化は、デジタル技術によってベース音をものすごく分厚くできるようになったことです。クラブや野外イベントで使うような低周波向けの「サブウーファー」というスピーカーが量産され、大型のスピーカーでお腹や腰に響く重低音の出る場面が増えていきました。重低音が持ち味となったクラブミュージックのジャンルはベースミュージックと呼ばれるようになり、音が薄かった八十年代や九十年代と比べようもない分厚さになっています。さらに宅録の普及で家庭用サイズのサブウーファーも登場。ベッドルームで音楽を作っている若いアーティストが一瞬で世界で知られるスターになるというストーリーも繰り返されています。

ＤＪカルチャーの広がり、ＥＤＭ（エレクトロニック・ダンス・ミュージック）の出現もやはり重低音の出る環境に関係しています。ライブハウスで聴くというよりも何百人、場合によっては何千人も入る漠然とした広い会場で、ＤＪが選曲して流す重低音入りの曲で踊る。今聞こえている曲を来場者がスマホアプリに聴かせてなんの曲かを調べ、気に入ったらオンラインで落として普段でも聴く。そんな循環も生まれていき、スマホ一体型の、今に繋がる音楽の聴き方へと変わってきました。

ＥＤＭは変異株のようにどんどん進化している最中で、使用される電子音もより実験的になってきています。モジュラーシンセサイザーの小型版を安く作る業者も無数に起業しており、音響そのものが多様化していく流れが来ています。かつて戦後に米軍の放出品を含めた電子パーツが入手できるようになり、アーティストが半分悪ノリで電子回路を組み合わせて、発振器を作っていた姿を彷彿とさせます。ぐるっと回って半世紀前の「シュトックハウゼン」をもう一回やっているようにも見えます。

ソフトウェア音源や「ＶＳＴ」形式のプラグインには標準装備で「確率」が組み込まれるようになり、ドラムなどの自動演奏でも「％」などといった形で演奏される確率を指定できます。管理された形でカオスや不確定性を受け入れるシステム。最新技術が初期の電子音楽へと徐々に回帰しているようです。でも電子音楽は言わば猛犬のピットブル。ふと、リードを外して走らせたらどうなるのか、見てみたくなるもの…。

現代音楽と出会い、まったく予期せぬ扉が開いてしまった自分ですが、踏み込んでしまったこの迷宮から引き返すつもりは、特にございません。

「ヒストリー・オブ・モーリー③」に続きます。

第3章

どうすれば「国家」を変えられるか？

ドイツの若い有権者たちは、右から左まで危機感を
募らせた結果、現状維持ではない変化を政治に求めました。

2021年11月、ドイツ・ベルリンにて新連立政権樹立に合意。（左から）自由民主党のリントナー氏、
社会民主党のショルツ氏、緑の党のベアボック氏、同党のハベック氏。
写真提供:DPA／共同通信イメージズ

ドイツの若者のように日本の若者も政治を変えられる

二〇二四年の台湾の立法委員（国会議員）選挙では、中国政府と距離を置く民主主義寄りの人たちが勝ちました。実はもう一つの動きも見られました。

少数政党である「欧巴桑（おばさん）連盟」が政党別では第五位になる投票数を獲得しました。「子どもやシングルマザーへの手当てを徹底して、子育てをしやすい政策を」とのイシューに絞った人たちが立候補して少なからず当選しました。これは有権者が社会を草の根から少しずつチューニングし直していく動きであり、「外科手術」よりも「体質改善」の発想とも言えるでしょう。

どの先進国でも格差が以前と比べても明らかに広がっているからこそ、社会的なセーフティネットを局所的に分厚くしようという運動に共鳴する人たちが増えてきています。

格差拡大や弱者切り捨てを「運命」として受け入れるのではなく、投票行動や買い物、あるいは周りの人との話し合いを通じて意識の切り替えを進めれば、これまでとは違う動きを政治と社会の両面で起こせる、という考え方です。

台湾同様に日本でもイシューごとにアクティブな政治の動きを個々人から起こしていけるはずです。人権に反するサプライチェーン（製品の原材料・部品の調達から、製造、在庫管理、配送、販売、消費までの一連の流れ）のものは買わない党。労働環境を改善できた企業を報奨金などで応援する党。企業の株主に環境、人権、再分配における透明性を求める党。男女の給与と待遇、人事における格差をなる早で縮めていく党…などなどがあっていいと思います。それぞれの小さな政党の中で、防衛や移民やＡＩ（人工知能）に関する考え方、あるいは大麻解禁の是非に関して食い違いも起きるでしょう。しかし、多様な意見が賑やかにせめぎ合っていい。鄧小平がかつて言ったように、「黒い猫でも白い猫でもネズミを捕る猫はいい猫」だからです。

ドイツは日本とは人口規模や経済規模が比較できる範疇にありますが、二〇二一年にウクライナ侵攻の前年のドイツ連邦議会選挙でかなり大きな変化が起こりました。長期政権を維持していたメルケルの中道保守の党が敗れ、中道左派の社会民主党（ＳＰＤ）を軸に政権交代が起きたのです。

ただ、社会民主党は単独政権を取るだけの議席は獲得できず、「同盟90／緑の党」（以下、緑の党）とビジネス保守な自由民主党（ＦＤＰ）と連立を組んで、「信号機連立」（三つの政党色が赤・緑・黄色だったことによる）と呼ばれることになりました。そしてこの選挙では有権者全体のなんと76・6％が投票し、四十代未満の若者の投票率も六割を超えていました。

投票できる年齢ギリギリの若い人（十八歳から二十歳の投票率は65％だった）たちにとって重要だったのは、グレタさんの運動とも関係していますが、「環境」「人権」「格差」でした。若い候補者たちはソーシャルメディアをプラットフォームにした選挙活動を行い、自分たちのタウンミーティングの動画や公約をスマホで共有したり、投票者と直接意見を交わし続けたりしたこともあり、投票行動は熱狂的になっていきました。これはネットが投票にかなりプラスに作用した例だと言えるでしょう。

この選挙では有権者の半分以上が五十歳を超えているにもかかわらず、若者の世代別投票率が相対的に高く、当選した議員の平均年齢も押し下げられています。選挙前の四十歳以下の若手議員は七人に一人でしたが、選挙後には若手議員は三人に一人に増えました。アメリカ議会の下院では若手議員は五人に一人なのでアメリカより若返ったことになります。

ちなみにアメリカ下院議員の平均年齢は五十八歳、ドイツ議会議員の平均年齢は四十七・五歳になります。参考までに二〇二一年の日本の衆院選では解散前の平均年齢が五十九・〇歳、選挙後は五十五・五歳へと「若返って」います。しかし、岸田内閣の平均年齢は二〇二三年では六十三・五歳です。日本では若い世代の議員と女性の議員が目立って少ないです。どうしてでしょうか、と言いつつも何も驚きませんね。

話をドイツに戻しましょう。最年少の当選者は緑の党から出馬した二十三歳のエミリア・フェスターという女性で、反原発と環境問題をマニフェストにしていました。彼女はCO_2

を出さないというメッセージを行動で示すべく、スケボーに乗って議事堂に行くというパフォーマンスを行いました。このような選挙結果が出ることでますます若者たちは熱くなり、次の選挙でも投票しないといけないという流れになりました。

虫眼鏡を当てるように細かく見ていけば、ドイツの投票者は38％が六十歳を超えており、前回の総選挙よりも3％増加しています。一方で三十歳から五十九歳の投票者は47％で前回より2％減少。十八歳から二十九歳の投票者は1％増の14％のシェアとなりました。つまりドイツでもシニア・デモクラシーの年齢分布はあるのですが、何しろ若者たちの当事者意識がバリ高いことがわかります。

若い有権者たちは危機感をかなり募らせており、現状維持ではなく変化を求めた結果として、極端に左の緑の党と右派の自由民主党へと票が分かれたわけです。

自由民主党で当選した中にはイラク移民も含まれました。ムハナド・アル＝ハラクは十一歳の時に家族でドイツに移住して、排水処理プラントで働きながらドイツ語を習得したそうです。現在三十一歳ですが同党の当選者の中では「年長」に入ります。自由民主党はビジネス優先で、規制改革してどんどん資本家を強くしていった方がいいという新自由主義的なイデオロギーの政党です。

ウルトラ左翼とも言える緑の党の人たちと話し合い、自由民主党の彼らは連立を組みました。イデオロギーは相容れないのに、若者が主導権を握っていくためには手を握り合うことにしたのです。この結果、何事にも慎重な中道左派を若い議員たちが両極端から挟み撃ちにする形となり、政治経歴の長いお年寄り中心の社会民主党はこれまでの「安全地帯」へと逃げ込めなくなりました。

若い世代はイデオロギーではなく、年齢によって共有している危機感で結託するので、両極端のぶつかりも内包した非常におもしろい化学反応が起こったのです。

日本で二十代や三十代の若者が政治家になろうとすると、「地盤、看板、鞄」がどうしても立ちはだかります。すなわち「組織力」「知名度」「資金力」という絶対的な壁です。その中でもとりわけお金の壁が高いことがかなり影響しており、日本の政治家は二世や三世議員だらけになっています。それでも出馬しようという人が立候補するのは、得てして「そこでいいの？」という政党になりがちです。それもあってか、選挙の時に自民党以外で投票したい「まとも」な候補者や党が見当たらないという印象が広まり、投票への熱が急冷してしまう。結局、利権で結びついた組織票や元々の母数を継承している自民党がそれほど汗を流さずに勝つという悪循環がずっと続いています。ここまで読んであなたはドイツが羨ましいと思うようになってきたでしょうか。

第二次世界大戦後の半世紀以上にわたって、大企業優先で闇資金、キックバック、口利きにまみれてきた内向きな自民党。「最悪だ」「下品だ」「亡国だ」「売国だ」「老害だ」「民主主義をバカにしている」とまで言われながらも、選挙で野に下ることはほとんどありません。もちろん自民党の面々も、このことをよくわかっています。だから、不祥事があってものらりくらりと適当な対応をし、国民が忘れるのを待つかその時々で尻尾切りをして知らんぷりを決め込み、責任を取ることはありません。

「永遠の現状維持」こそが自民党にとっての合理性となり、有権者を心配するよりも大所帯の派閥間の調整を行うことにエネルギーが向けられてきました。加えて日本は急速に少子高齢化が進むシニア・デモクラシーの最前線になっています。「政治が変わるわけがない」と多くの人が感じる所以です。このことも自民党にはおいしいだけです。

先ほども書きましたが、投票者の約四割が六十五歳を超える日本と同じようなシニア・デモクラシーであるドイツでは、なぜあんなにも若者たちが政治に関して熱いのでしょうか、なぜ彼ら若者は諦めていないのでしょうか?

もちろん、ドイツの若者も個々人のイデオロギーは右から左までの広いスペクトラムに分布しています。しかし、同一の世代内で環境問題を筆頭に問題意識が強く共有されており、それゆえに共闘ができています。さらに子どもの頃から教育によって政治に関与する意識がはぐくまれ、多様な意見があることをディベート学習を通じて身につけています。

一方、日本では自分と同じ意見かどうかを元に好き嫌いへと振り分けられた感情論になってしまいがちです。結果として戦後は左派が共産党系と社会党系に分かれ、野党は一般に

「自民党の不手際を批判していれば良い」という楽な道を選び続けました。倫理と分配は唱えるが、経済のパイを拡大するグランド・プランを持たない、つまり「批判勢力」の枠を出ることはなかったのです。原発や憲法改正では真逆の世界観を持つ政党同士であっても女性の地位向上で共闘したり、党内コンセンサスをぶっちぎって移民賛成で共闘したら、さぞやおもしろいのではないかと思います。

日本の政治がより民主化することを阻む「見えない壁」の一つに、意見が違う人とディベートしない、口も利きたくない、顔も見たくないという情緒性があるように思えます。交渉が苦手で、どちらかというと問答無用の精神。これは私自身が反原発の嵐をシャワーのように浴びて経験しましたし、欧米で既成事実化する大麻解禁に言及した時のプッシュバックでも感じました。テレビに出て「大麻ぐらい合法化しても大事にならないですよ」と口走った日には、もうね。「大麻」という言葉さえ口に出せないというのは「言霊の呪縛」に他なりません。

日本人の奥ゆかしさ、全員一致の「和を以て貴しとなす」という美風が、民主主義において仇になっているのではないでしょうか？

得体のしれない「カオス」への違和感、一度決めたルールはとことん守るという潔癖さは、社会の一体化（ある種のマスゲーム化）や公序良俗の維持に貢献する一方、異質な他者との共存がしにくい風土を再生産しています。

外国人もＬＧＢＴもフェミニストもギグワーカーのユニオンを結成する人も、あるいはルッキズムを否定するモデルも、とにかく「なんか違う」人たちで気に入らない。分をわきまえずにルール変更を主張する人たちは許せない。

「本当に何様なのか、私はちゃんと我慢しているのに」というループがどんどん強化されていき、ソーシャルメディアで出る杭を打ち付けるだけでなく私刑に近い誹謗《ひぼう》中傷を浴びせることが正義だと思い込む昨今です。

だからこそ、ドイツの若者たちの投票行動の根底にある、「異なる政治思考」の持ち主同士でも場合によって共闘できるという考え方は、特に日本の若い世代にとって新たな道筋を示してくれるものになるはずです。こうした海外の実例を知っておけば、日本で先々応用できるかもしれません。何しろ日本の若者はドイツの若者と同様に、あるいはそれ以上に圧迫されていますから。「人とは違うことが許せない」ループから逃げ出したいと願っている人は多いはずです。

キーワード❶同盟90／緑の党

ドイツの新左翼色の濃いエコロジー政党。一九八〇年代以降一定の勢力を持っている。一九九八年から二〇〇五年まではドイツ社会民主党と連立政権を組み、脱原発・風力発電の推進・二酸化炭素の削減など環境政策を進展させ、ヨシュカ・フィッシャー外相などの閣僚を送り出した。二〇二一年十二月からは社会民主党・自由民主党と連立政権を組んでいる。

「イデオロギー」よりも「本質」の方が大切

「信号機連立」から成るオラフ・ショルツ政権ができて間もなく、プーチン大統領が不意打ちでウクライナ侵攻を始めました。ドイツではロシアとの友好が国是のようになっており、特にエネルギーの取引量が多く、ロシアへの依存度はＥＵでも最大でした。

ドイツがロシアと外交・経済的に「共依存」している限り、下手なことをしないだろうという冷戦終結後の知恵が代々政治的に受け継がれてきたにもかかわらず、それが正面から破られてしまったのです。また、ドイツにはナチス時代という負の歴史もあるため、軍事行動には極めて消極的です。ウクライナには医療用の担架や物資は送れるが、武器は送れないと社会民主党のショルツ首相が早々に発言しました。

その時に怒ったのが緑の党の若い議員たちでした。緑の党から入閣したアナレーナ・ベアボック外相を含む同党の議員たちは「人権が蹂躙《じゅうりん》されているのに、何をくだらない建て前を言ってるんだ！」「ウクライナに重武装の兵器を送るべきだし、ロシアからのパイプラインを止めろ」と声を上げました。緑の党は脱原発と非戦を強く主張してきた政党であるにもかかわらず、非常事態には現実路線に舵を切ることができる党へと進化していたのです。

「ウクライナの人たちを全力で助けなければ、次は自分たちの国が侵略される」という強い危機感に動かされた若い議員たちが、中道左派のおじさん議員たちに、ロシアからの天然ガス輸入停止、ウクライナへの武器供与へとプッシュをかけました。彼らにとって譲れない自由と民主主義を選び、昔から続くイデオロギーとロシア依存をぶち破ったのです。

本稿執筆時に、ドイツはウクライナに対して主力戦車のレオパルト2や防空システムをもすでに供与しており、さらに長距離巡航ミサイル「タウルス」を供与するかをめぐって逡巡しています。

二〇二二年末に予定されていた原発の停止をめぐっても意見が割れました。ロシアへの依存に危機感を覚え、インフレにも襲われたドイツ国民の世論の過半数は運転延長を支持しました。

調査によれば原発の稼働継続に賛成という回答は65%に達し、与党ドイツ社会民主党の支持者の間でも稼働継続論が根強いという結果が出ました。与党内でも産業界に近い自由民主党は延長を求める一方、緑の党は予定通りの停止を主張しました。結局、ショルツ政権は苦渋の決断で運転延長を二〇二三年四月十五日まで認める方針を閣議決定しました。

ですが、このまま廃炉へと進むことが確定しているとは言い切れません。なぜならEU内の他の国では原子力推進に傾く国が増えており、かつて原発を全停止したイタリアでも二〇二三年九月、複数の閣僚が今後十年以内に原子力発電を再導入する計画を明らかにし、「廃炉先進国」であるイタリアが原発回帰する可能性も出てきました。

ロシアへの天然ガス依存を思い切って止めたため、国内のエネルギー価格が高騰し消費が低迷、ドイツはリセッション入りします。政府による電気代などの補助はある程度ありましたが、元々警戒心が強く、倹約が大好きなドイツ人はなかなか財布の紐を緩めません。そこは日本人っぽい。しかし、経済的な痛みを引き受けてでもドイツの国民は民主主義という大義を選んだと言えます。そこは日本人っぽくない。

「正義のための痛み」を引き受けた二〇二三年に、ドイツは名目GDPで日本を追い抜いて世界三位の経済大国になりました。同じ「縮み志向」を共有していてもドイツは労働生産性が高く、男女間の賃金格差は14・2%で日本の22・5%を大きく引き離しています。日本ではバブル崩壊以降、多くの企業がリスクを取らない保守的な経営に傾きがちになり、革新的なモノやサービス、イノベーションを生み出す力が弱まってしまったということも指摘されています。

日本の若者はそのツケを払わされるように年々ジリ貧になっています。低め安定で冒険しない幸せを求める志向も根づきました。一方、ドイツでは若者が環境問題、安全保障問題において当事者意識バリバリでイケイケの姿勢です。国を挙げてデジタル化を推進してきたことも、若者の声が届きやすい環境を提供したと言えるでしょう。変化を恐れない若い世代の覚醒が国全体を活性化させているようにも見えます。

ドイツの若者が投票や立候補、日頃の情報共有、議論の継続で政治参加のボルテージを上げたのは、過去の時代からのレガシーとなったイデオロギーに基づいて対立するのではなく、今目の前に迫ってきている共通の問題を解決しなくては、という当事者意識に貫かれているからです。環境、安全保障、移民と難民、社会の多様性、格差、経済システムの不安定化など問題が同時多発的に押し寄せているので、以前よりさらに政治性が高まっています。「私が声を上げてどうなるものでもない」とは誰も思っていない。それが今の日本との一番の大きな違いとも言えるのではないでしょうか。

日々刻々と変わる状況に向き合って、みんな悩んでいます。例えば急展開し、残酷さを増すパレスチナ情勢があります。イスラエルとパレスチナの問題についてもドイツはやはりホロコーストの歴史があるので、リベラルなドイツ人たちはとても葛藤しているようです。ドイツ固有の複雑さというのはイスラエルを少しでも批判すると、待ってましたとばかりにネオナチ勢が「ほら、自分たちがずっと言い続けてきたことは事実だった」と沸き立つことにも表れるのです。

また極右政党は、ドイツが国家としてイスラエルの生存権を認め、明確に支持するスタンスを取っているため、イスラエルに批判的なトルコ系やアラブ系住民や移民を「ドイツの一員ではない」と排除する口実に使えます。つまり心のなかではユダヤ人を蔑んでいる極右も、イスラエルを支持できない異なる出自を持つ人や両親がドイツ育ちでない移民を「差別主義者、だからドイツ社会にはふさわしくない」と巧妙にレッテル貼りできるのです。

東西ドイツの統一後、経済発展が遅れた東部では特に移民排斥の運動が強く、地方選挙で極右政党が連勝しています。極右政党「ドイツのための選択肢（ＡｆＤ）」はかつて泡沫的な運動と軽視されていましたが、二〇二四年には複数の世論調査で、主要野党であるキリスト教民主・社会同盟（ＣＤＵ・ＣＳＵ）に次ぐ20％の支持率を得ており、ドイツ東部（つまり旧東ドイツ）のテューリンゲン、ザクセン、ブランデンブルク各州では首位となっています。

ドイツの極右支持層には反移民と歴史修正を抱き合わせで主張する傾向もあります。旧東ドイツのノルトハウゼン市の市長選に出馬した極右政党「ＡｆＤ」のプロヘート候補は、「ナチスの歴史はそんなに悪いものではなかった」と主張しました。結果は敗北しましたが、決選投票で45％の票を獲得しており、とても泡沫とは呼べません。

また、同党の幹部は集会でナチス突撃隊（ＳＡ）のスローガンである「すべてはドイツのために」を語ったため、裁判にかけられ、二〇二四年五月に国民扇動罪で有罪判決を受けました。ドイツではナチス時代のスローガンを唱えることは法律で禁じられていますが、影響力のある政治家があえて口にするのは偶然ではなく、やればやるほど、裁判が長引けば長引くほど彼らにとって宣伝効果が期待できます。

勢いづくドイツの極右は東西の経済格差に便乗して急成長しているという背景があります。「移民排斥」という思想の奥にナチス時代の礼賛もちらつかせながら世論を揺さぶり続けています。若者のエネルギーで樹立した「信号機」の連立政権はこの流れにも立ち向かわなければならず、イスラエルとの関係がさらに複雑化していくのです。

アメリカもイスラエルの建国にトルーマン大統領が関わっています。日本に原子爆弾を投下して第二次世界大戦を終わらせたトルーマン大統領は、戦後発足したばかりの国連でイスラエルの国家樹立のための根回しとして、貧しい国の票を買収するような形で資金援助と引き換えに支持を取り付けました。アメリカもイスラエルとは特殊な持ちつ持たれつの関係なので、ドイツもアメリカもパレスチナに関しては非常に不透明な立場になってしまっており、身動きが取れなくなっています。

ドイツの若者たちは環境や多様性や人権を守るために選挙に熱くコミットし、議会の平均年齢を若返らせました。さらにロシアのウクライナの侵略に毅然と立ち向かう舵取り変更といった結果も出しました。しかし、今回のイスラエルとパレスチナの状況に揺さぶられて、連立が割れてしまう可能性が出てきています。インフレが長引けば極右に有利になります。この状況が流動的なのは確かです。

と、ここまでドイツの現状についてお話ししましたが、二〇二一年のドイツの若い有権者の動きについては現在の日本にとって学べるものがたくさんあります。まずはそこを日本でも目指してほしいと願っております。現実に起きている問題を何も意識せず、あるいは見ないふりをして先延ばしにしたまま、国家として貧しく弱くなっていくのは情けなくありませんか？

一定の年齢を超えた人たちは「日本も昔はよかった」と懐かしがっていればいいのかもしれません。確かに残りの人生を考えたら、「お疲れ様」モードに浸るのも一つの選択でしょう。しかし、これからを生きていく若者たちと大人が対話できず、大人が若者に諦めを植え付けたまま、自分たちだけうやむやに逃げ切ろうとするのは良くないことです。

若い人たちが昭和型のイデオロギー対立を超えて、今ある共通の課題を解決するために連帯すればどんどん新たな扉が開かれていきます。そして、扉の先には新たな問題がまた大きく横たわることでしょう。しかし、それも一つずつ乗り越えていくしかない。数十年後、「日本」が世界地図にまだ残っているかどうかも、この分岐点にかかっている気がします。

キーワード❷ドイツのための選択肢（ＡｆＤ＝Alternative für Deutschland）

二〇〇九年のギリシャ経済危機でドイツが多額の支援をすることに反発し、二〇一三年二月六日にベルリンで反ＥＵを掲げて設立された。二〇一七年九月のドイツ連邦議会選挙では初めて国政進出に成功し、九十四議席獲得で野党第一党となった。難民による強姦・殺人事件の多発を受け、治安改善のために犯罪者の国外追放、軋轢を生むイスラム主義者の入国拒否などを主張している。また、高度な専門的能力を持つ移民に関してはドイツへの移住を支援している。

「昭和の壁」を壊すために必要なこと

二〇一七年頃、六本木ヒルズの中にあったYouTubeの日本法人に取材で伺った時に見た印象的な光景があります。私を出迎えてくれたマネージャー級の社員は少なくともバイリンガルで日本語と英語を自由に往復していました。中国語も話せるトライリンガルだったかもしれません。

日本語が流暢に話せて、英語で指示を出すアフリカ系アメリカ人が現場を仕切っていました。技術方面を担当しているのは英語を話さない日本人たち。彼らが走り回って配線の接続や電源確保、カメラの設営をやっていました。指示を出している国際人と、高度に技術的ながら下働きのタスクをこなす日本人。そんな光景を見ながら私は「二元性」を感じていました。これも多様性の一つの形態です。しかしながら私は「いったい誰が消費されているんだろう」という不安も覚えていました。

これからの日本の大いなる弱点とされているのは、高齢者が多くて若者世代が少ないという人口バランスの悪さです。そんな状況の中でも日本の若者たちには付加価値を生み出す経済構造への転換を考えてほしいのです。

いいものを安く大量に生産して売るという「薄利多売」方式で、かつて日本は世界経済を席巻しました。しかし、もはやそのパラダイムでは、インターネットとグローバル化によってボーダーレスになった現在では、中国やインドや東南アジア諸国と競合して勝つことは不可能です。もし、本気で新興国と勝負をしようとするのであれば、人件費をひたすら削って過労死に向かうフォーミュラしかなく、「安さ」を強みにする経済構造を手放すしかありません。

さらに日本の弱みとして考えられるのは、同質な空間で物事を決定する風土です。優秀なサラリーマンを育成するための戦後教育の賜物ともいえますが、「隣の人と自分はほぼ価値観が同じだ」という大前提があり、どこかで「全員一致」の正解を求める傾向にあります。そこに加えて、前例のない試みに対しては、特に決定権を持つ人が強い恐れを抱いてしまいます。なぜなら縦社会で失敗をしてしまうと、責任者は「腹を切る」ことを求められてしまうからです。

手放すべきは安定志向。自分の「分」によって未来が決定されているという考え方。あるいは自分にとって不自然なやり方であっても「根性を出して他人の倍がんばればなんとかなる」というスポ根。これらはまとめて「THE 昭和」です。

その昭和の壁をあっという間にぶち破る素材が二つあります。移民と男女平等です。移民がどれだけアレルギーをトリガーするか、日々のSNSや報道を見ていてよく存じておりますので、そちらに関しては勝手に移民国家が実現するのを待つことにしています。どうせ、いつかそうなりますから。

一方、男女平等については待ったなしで、経営者や政治家を含む国民の皆様に広く訴えたいところです。今日も日本の若者たちには男尊女卑が「相続」されています。露骨な性差別だけではなく、内面化された男らしさや女らしさへのこだわりなど、日常がジェンダーの事細かい規則や上の世代から教えられた思い込みで埋め尽くされているのです。

この漠然とした窮屈さから解き放たれたいと、日本社会の過半数はおそらく考えています。しかし結局のところ、日夜テレビ、広告、芸能界、アパレル業界、出版業界から押し寄せる視覚・聴覚情報の洪水でそれは諦めに変わっています。いや、そもそも考えないことの気持ちよさにずっと浸っている。

渋谷の交差点に立つと男性の自分でさえ、まるで巨大な支配者の圧にさらされているような気分になります。あの場所で可愛さや美貌、若さ、承認欲求のビームを浴びせられた女性が何も不安を感じず、何よりも自分らしさを誇れるのであれば、よほどメンタルが強いと思うのです。渋谷をくぐる時だけ作動する「余計なプロパガンダをシャットアウトするゴーグル」を誰か開発してほしいものです。

男尊女卑をもっとマイルドに言い換えた「男らしさと女らしさ」は、日本の家庭を守る重要な柱であると吹聴する政治家もいます。昭和の時代は男性が終身雇用で稼ぎ、女性が家を守るという分業で豊かさが成り立っていたのも事実です。しかし、この本で力説してきたように環境も時代もとうの昔に変わりました。もう時計の針を「昭和」に戻すことはできません。男女の格差を放置すると、卑屈に振る舞う女性と不器用な男性ばかりで平均所得の低い社会になってしまうのではないでしょうか？

女性への抑圧が組み込まれた体制は世界のあちこちにあります。そこでは女性たちがむしろ積極的に伝統的な価値観へと順応することが自らの生きるすべになる。おそらく現在も、地球人口の何割かがそういう生き方をしています。

男尊女卑と貧困は循環し続ける傾向があり、国連をはじめとした国際組織から学術機関に至るまで、この問題を詳しく分析しています。男尊女卑だから貧困、そして貧困だから男尊女卑、というサイクルです。ただ、だからといって「日本は先進国で本当に良かったな」と思い込むのは、読みが甘い。男尊女卑は日本でも解決されておらず、そのために稼げたかもしれないお金がいっぱい出ていってしまっているのです。

ここから『週刊プレイボーイ』二〇二四年三・四合併号（二〇二四年一月四日発売）の記事

を引用します。

2023年、IMF（国際通貨基金）の各国経済分析報告「IMF Country Focus」で、日本の生産性を上げ経済を活性化させる最良の方法は「STEM（科学、技術、工学、数学）分野で活躍する女性を増やす」ことだと指摘されていました。以下に内容の一部を要約します。

「2012年から2019年の間、日本のひとり当たりGDPの成長率はG7内ではアメリカに次ぐ高さで、その原動力は多くの専業主婦が労働市場に参入したことだった。しかし、さらなる成長を促すには、女性を安価な労働力に押しとどめるのではなく、STEM分野でのキャリアを追求できる構造にすべきだ」

記事では二〇二三年のノーベル経済学賞を受賞したクラウディア・ゴールディン氏の研究なども参照しながら、日本が女性活躍の「質」を変えていく必要があると結論づけていました。

私なりに言い換えるなら、二〇一〇年代は社会の既得権者＝「THE 昭和」オヤジの価値観を手放せない人や、それを自身に憑依させた若者の上から目線による「女性にもチャンスをあげよう」という程度の見せかけの動きが中心でした。しかし、そうではなく、ゴールディン氏がいう女性活躍の「質」を変えていき、女性が真の決定権を持つフェアな市場が生まれた時に、社会は本当の意味で大きく変わるということです。実際、すでに一部ではそれが実現し始めていると思います。

私が見た中でも都心部のいくつかのＩＴ企業では、女性が本当に生き生きと働いていました。一方で、現代の先進国とは思えないほど男性優位が続いている（そして、それゆえに空気がよどんでいる）企業も、少なからず見てきました。女性を抑えつける。もしくは女性に脇役として支えてもらうことを前提とした搾取的な社会構造を是正するだけで、国全体の生産性は上がり、恩恵は全労働者に行き渡るともＩＭＦの報告は指摘しています。

当然ながら、女性たちは可能な限り先進的な場所へと「脱出」していくでしょう。このように考えると、従来の権力勾配が変わることそのものをよしとしない人は、そのまま時代の負け組へと転落していく運命にあるといえます。そうなってくると、負け組に転落していく「ＴＨＥ昭和」な価値観の人々の怒りやねたみを扇動する動きも出てくるでしょう。「多様性は社会を壊す」「欧米の価値観を持ち込んで日本を居心地の悪い国に変えるな」などなど。しかし、これは「負け組だから、なお一層女性の地位向上を憎む」という不健全なループです。

何をどう考えても、「それ」は数年以内にやってきます。ならば、その波にいかに乗れるか、その波がいかに素晴らしいかを考えた方が、絶対に幸せに近づけるはずです。男女の壁も、結局は一人ひとりの中にインストールされてしまったレガシーです。そんなものにはもう意味がない。もうアップデートしましょう。女子ＳＴＥＭ、やろう。Disney+ でも Netflix でもいい、多くの女性の宇宙飛行士たちがゼロＧで浮かんでいる時代です。

自分が当たり前だと思っていることが本当に当たり前のことなのか、という柔軟さを持つことがあなたの想像力解放の最初の一歩です。発想の足枷を外すためにはその「当たり前」を疑いましょう。「当たり前」がなくなる時代。あなただけの大冒険の時代が始まっています。重力から解き放たれる最初の一歩を、どうぞ。

キーワード❸ 日本の人口バランス

日本の総人口は二〇〇五年に戦後初めて前年を下回った後に、二〇〇八年にピークとなった。その後、二〇一一年以降、毎年連続して減少している。〇~十四歳までの子どもの人口が減り続け、六十五歳以上の高齢者の人口が増えて続けており、一九九七年から子どもの人口よりも高齢者の人口が多くなっている。これを少子高齢化といい、今後長期の人口減少過程に入っていき、二〇四八年には一億人を割ると予想されている。

「コンプライアンス問題への無関心」が日本の衰退を象徴している

一九九七年にはナイキの児童労働問題への世界的なボイコット運動がネット中心に起きました。同社が委託していたインドネシアやベトナムの工場で児童労働や劣悪な環境下での長時間労働が行われていたことが発覚し、この事実を国際NGOも告発。Windows 95によるネット接続がやっと普及してダイヤルアップ接続だった時代に、早くも活動家たちは情報拡散の手段を見つけていました。私は当時の騒動をホームページや欧米の掲示板で追いかけていました。

活動家の中には、同社の靴に好きな文字列をカスタマイズで入れられるサービスに発注し、「子どもの小さな手で作られました」と印刷させようとする人も登場、ナイキはネット民のおもちゃとなりました。結果、同社は事業に深刻な打撃を受け、翌年には児童労働との決別を宣言することになります。さらに海外の生産拠点の衛生と安全に関する環境改善を約束して、労働団体や人権団体も参加するサプライチェーンのモニタリングに同意しました。

大企業や大資本によって低賃金と劣悪な労働環境へと追い込まれ、ノー・チョイスになっている人たちを助けるために、末端の消費者に注意喚起を行ってきた活動家は昔からいました。しかし、大資本はメディアの広告枠を買うことで、自らに不都合な報道を止めたりトーンダウンさせたりすることで活動家たちの出鼻をくじくことに成功。そのため発展途上国の労働者たちの切実な訴えは、消費者がいる先進国に届くまでに何重もの「消音フィルター」をくぐり抜ける必要があったのです。

九〇年代後期以降からインターネットが普及してくると、それまで誰も予測していなかった電子的な速度で情報が広がるようになっていきました。新聞や書籍などの出版物と違って文字量もレイアウトにも制限がなく、画像だけでなく動画も拡散可能になり、それまでの情報量とは桁違いになったことで世論の感度もぐんとアップ、不買運動も世界規模で頻発するようになったわけです。

例えば、新疆ウイグル自治区で行われていることに代表される強制労働を含むサプライチェーン問題は数多く告発されていましたが、ここ日本においては「湿ったマッチに火がつかない」というほどに関心を持たれることはありませんでした。

二〇〇八年の「北京オリンピック」当時、ウイグルやチベットの問題を私も日々訴えかけていたのでよく覚えています。ラジオ番組の現場では「北京オリンピック」スポンサーへの配慮から中国の人権問題を語ることをトーンダウンさせられました。この頃チベットの問題を認知していたのは日本のバックパッカーが多かったのですが、人権問題の視点がパッカーさんたちのコミュニティーに著しく欠落していて失望しました。世捨て人の気分で物価が安い途上国に沈没（長期滞在）しても観光客以上に踏み込んで考えることがないし、リアルな世界に自身を置いている発想がそもそもありません。日本の外を体験したバックパッカーたちに当初は期待していたのですが、海外放浪が日本社会に何かを環流する力強さを持たないものであると実感し、期待が失望に変わりました。

とにかく二〇〇〇年代、日本の若者は一概に「満足」しており、世界各地で起きている問題や動きにアンテナが立つことはなかった。主流メディアで誘導される話題や芸能情報以外にそれほど興味を持っていなかった印象があります。

日本の若者が、というよりは日本全体が平和ボケの極みに達していた二〇〇〇年代後半、欧米の若者たちの貧困と世代間格差が急激に進行していました。アメリカで特に目立ったのは大学生が抱える巨額の学費ローンでした。リーマンショックを機に学生たちは借金漬けになっていたのです。学生ローンの総額は二〇〇六年から二〇一六年にかけ、二・七倍の百四十五兆円に膨らんだことからもわかります。

東洋経済オンラインの記事（二〇一七年四月十七日「教育大国アメリカはローン地獄に悩んでいる　対照的に日本は教育まで『デフレ』だ」）から抜粋します。

米国では、私大生の75%が、平均400万円もの学生ローンを抱えている。2000万円以上の人も41万人を超える。米国の成人人口の4人に1人、4470万人もの人々が学生ローンを抱えて暮らしているのである。しかも、これらの学生ローンの大半は米国連邦からの借り入れであるため、日本と異なり、自己破産を宣言しても返済義務は消滅しない。

（中略）

借金膨張の背景にあるのは、大学の学費の高騰だ。米国では、ハーバード大学をはじめとする有名校は私立が圧倒的に多いが、これらの大学の学費は年間４００万〜５００万円とべらぼうに高い。

さまざまな奨学金や学費の割引制度はあるものの、これに下宿代や参考書代が上乗せされるため学生の負担は大きい。

リーマンショックに起因する景気停滞では、低・中所得者層が広く打撃を受けることになりました。住宅ローンの返済が滞ったために家を手放したり、住宅の価値が半減してしまった人（その多くは高齢者や低所得者）、不況で失業した人などです。

一方、危機を招いた大手金融機関は公的資金の注入で救われていたので、多くのアメリカ国民にはおとがめなしと映りました。それもあってアメリカの学生は、自分たちの直面する経済的な圧迫や不条理が他の失業者や貧困層と横断的に繋がっていることを実感するようになりました。アメリカ社会の権力構造だけではなく、資本主義そのものも変えなくては、と思うに至ったのです。

さらに追い討ちで欧米の若い世代が政治に動員される導火線となった大事件がありました。「ウィキリークス＝Wikileaks」です。オーストラリア人のハッカーであるジュリアン・アサンジが創設したこの暴露サイトは匿名性の高い情報提供の仕組みを誇るものでしたが、二〇一〇年四月に米軍のヘリコプターがイラクの戦場ではない場所で民間人を射殺する映像を公開して世界中が騒然となりました。

動画は二〇〇七年七月のイラク戦争中、米軍のヘリから撮影されたものでした。バグダッド市内で攻撃ヘリ「アパッチ」が一般人を銃撃する様子が記録されており、最終的にロイターの記者二人を含む十二人が死亡したことが明らかになりました。動画はオリジナルのほかに、『コラテラル・マーダー（付随的殺人）』と題された編集版も公開されました。銃撃当時の米兵同士の会話が含まれており、彼らが冗談を言って笑い合ったり、戦闘員であるかが極めて疑わしい状況下でも発砲許可を求めて銃撃したことが音声で判明しました。

アメリカ政府は「明らかに敵の勢力との戦闘行為に巻き込まれていたため」の発砲だったと公式発表しましたが、動画の内容とは矛盾していて苦し紛れにしか見えませんでした。後にこの動画は、イラクの軍事基地ハマーに勤務していた情報分析官のブラッドリー・マニング（現在はトランスジェンダー女性と公表した後に性転換手術を経て、チェルシー・マニングと名乗っている）上等兵が投稿したものだと判明します。マニング上等兵は「最高機密」を扱う権限を有し、動画の他に米軍の機密情報を漏らしたことがわかり、逮捕されてしまいます。

ウィキリークスは続けて二〇一〇年の七月、アフガニスタン戦争に関する米軍の機密文書を公開しました。アフガニスタンでの戦闘報告を中心とするその文書の数は実に七万七〇〇〇点にも及び、しかもほとんどが「極秘（Top Secret）」扱いの情報だったのです。この膨大な量の文書を公開するにあたり、ウィキリークスはドイツの雑誌『シュピーゲル』、アメリカの新聞『ニューヨーク・タイムズ』、イギリスの新聞『ガーディアン』といった伝統ある既存の大手メディアとの共同作業を行いました。

さらに同年の十月、ウィキリークスはイラクからの戦争報告文書（三十九万一八三二通）をリークします。続けて十一月には二十五万一二八七件もの公電をリークしましたが、それらはオンラインで誰でも閲覧できる形での暴露でした。

国際的にアメリカ政府に対する非難の声が上がる中、アメリカ政府はアサンジをテロリストと名指し、ウィキリークスの閲覧を制限することを試みました。しかし、アメリカ政府が彼らにしてやられたという印象は拭えませんでした。

既存のマスコミの調査報道ではあり得ないほどの膨大な情報量を「生」のまま暴露したハッカー組織は、国家のコントロールも利かないほど先を行く新しい世代の到来を告げるかのようにも受け止められました。当時、ウィキリークスを報じる日本の新聞やテレビがまったく追いつけていない印象を受け、私はこの時代の流れに乗ろうと沸き立ったものです。

後にアサンジは別件で逮捕され、イギリスで収監されることになりました。イギリスの裁判所にアメリカで機密文書を不正入手し暴露したなどとして計十八の罪で起訴されたアサンジのアメリカへの身柄引き渡しを保留していましたが、アサンジは二〇二四年六月に司法取引で釈放されました。

ウィキリークスの暴露が相次いだ二〇一〇年の十二月十七日、北アフリカのチュニジアで貧困と圧政に喘ぐ露天商の若い男性が焼身自殺を図りました。その事件は広く北アフリカ、中東地域で同情と共感を呼び、民主化要求と反政府デモがあっという間に全域に広がりました。フェイスブックやツイッターなどのプラットフォームを使う活動家たちが連携し、情報はリアルタイムで共有され、各国の政府が検閲を試みても迂回する手段が公開されていきました。また、デモで催涙ガスを撃たれた時に備えて口と鼻を覆うバンダナ、ペットボトルの水を用意しておくことなど、警察や軍と対峙するノウハウも拡散されて、街に出る各地の群衆はどんどんと勢いづいていきました。

国境を越えて反政府デモのうねりは広がっていき、長く続いていた独裁政権が次々とぐらつき始めました。チュニジアではベンアリ政権が二〇一一年一月に崩壊。そこから連鎖するようにエジプトのムバラク政権、リビアのカダフィ政権、イエメンのサレハ政権、と長く続いた独裁政権が相次いで倒れました。

これらの動きは「アラブの春」と呼ばれることになり、CNN、BBC、アルジャジーラの日々の報道では、まるでロックフェスティバルであるかのような感動と興奮が続いていました。ただ、「これで北アフリカと中東に民主主義が訪れた」と言える展開には遠く及ばず、シリア、リビア、イエメンではデモ発生に乗じてイスラム武装勢力や民兵組織が勢力を広げたことで内戦に発展します。イスラム教スンニ派の過激派組織「イスラム国（通称「IS」）」は一時、シリアとイラクにまたがる地域を支配するほどに勢力を拡大し、欧米などもIS掃討と難民危機への対応という二つの戦いを強いられました。

十年のスパンで振り返るなら、限界まで圧政と貧困が続いていた同地域においてネットの普及をきっかけに情報統制が利かなくなり、各地で内乱が頻発して根本的な問題が解決されないまま不安定さを増しただけ、という判定も成り立ちます。

しかしながら、二〇一〇年末から二〇一一年の春にかけてはITを使って若者が声を上げて行動し、世界全体に新陳代謝をもたらすだろうと楽観できるほど、欧米のネットは熱狂していたのです。

私自身もツイッターに無数に放たれる現地の英語書き込みを力技で次々と和訳してリツイートし続けました。日本の既存メディアはウィキリークスの時と同様に「アラブの春」には食いつきが悪く、湾岸戦争当時のような「遠くから眺める」報道スタイルが目立ちました。「そうじゃない。どんどん出てくる生の書き込みを見なきゃいけないんだよ…」という思いで私は無限に流れてくる書き込みをキュレーションしつつ、関連する解説記事のURLも見出しの和訳を添えてツイートし続けました。その行為はどこか曲を次々と乗り換えるＤＪの作業のようでもありました。昼夜となくボランティアの翻訳を続け、そのうち「#モーリー寝ろ」というハッシュタグも書き込まれるほどでしたが、この時、時代の大きな変わり目に立ち会っているという手応えを感じていたのです。

キーワード❹ウィキリークス

内部告発を奨励し、政府や企業の秘密情報を公開することを目的に掲げる組織。創始者はジュリアン・アサンジ。ウィキリークスは投稿者の身元を露呈せずに大量の文書を暴露し分析できるようにするために、ウィキペディアに似た検閲されないサイトになることを目指している。ウィキリークスの完璧な匿名システムでは、偽造文書や、ポルノ、スパムで溢れてしまうことを防ぐためにチェック機構が設けられている。また、暗号と通信中継を組み合わせた「Tor」などの匿名化技術を使って、内部告発者の安全を守るとしている。

東日本大震災が生み出したポピュリズム社会

しかしなぜ二〇一〇年代、日本の若いネットユーザーは世界の動きにアンテナがそれほど立っていなかったのか？　その理由を探るために数年遡ってみることにします。

二〇〇〇年代後半、まだまだ日本は世界から切り離された「ガラパゴス」であるというコンセンサスがありました。海外で起きていることはそれほど日本には影響しない。欧米では価値観がどんどん変化するが、日本は緩慢な夕焼けを迎えたような、現状維持の無限ループが続いているかのようでした。ところが二〇〇八年、アメリカで発生したリーマンショックによって業績が悪化した日本の自動車産業や電機メーカーなどが、多くの派遣社員との契約を打ち切ったことが問題となりました。「派遣切り」という言葉がメディアで大々的に報じられ、生活困窮者の避難所である「年越し派遣村」が、NPOや労働組合を中心とする団体の支援によって日比谷公園に設置されたほどでした。

ただ、アメリカとは違うサイコロの目が日本では出ました。若い世代が集中的にツケを回されているという見方は広まらず、報道でも「雇い止め」が焦点となっていました。「年越し派遣村」には全国から四千万円以上の寄付金が集まりましたが、ネット上では賛否両論が噴出しました。

新聞やテレビは弱者に寄り添い、製造業派遣を疑問視する報道が相次ぐ一方、若い年代のユーザーが大勢を占めていた当時のネット上ではマスコミの世論形勢を「嘘くさい誘導」と疑って反発する意見が目立ったのです。

ネットでは「派遣村の村長」なるスポークスマンが左がかった「アレな人」と認定された

り、派遣村への支持を表明した文化人に対しても、「自分たちのぬくぬくとした暮らしを棚に上げて弱者の味方かよ」とその誠意を疑う声も強かったのです。さらに派遣村に集まったプレカリアート（生活不安定者）たちにネットの世論はどちらかというと「自己責任」を要求していました。かねてからホームレスに向けられていた冷ややかな視線が再生産される側面もあったかと思います。派遣村に集まった人たちの中にホームレスの人たちもいたことで、「理想の貧困者」だけではないことにもアレルギーが噴出していました。

「ホームレスにまで転落したのなら、もうどうしようもない。国になんとかしてもらえばいいんだろうけど、俺たちの税金の世話になる以上は、その分しおらしくしておいた方がいい。変な団体と一緒にシュプレヒコールなんか上げるのはなんか違うんじゃね」といったリアクションも目立っていました。精神障害を抱えてホームレス状態にある人の境遇にはなお冷ややかでした。ほとんどの若者が自分が貧困に陥るということを想像できない時代だったのです。

しかし、国内外の問題を遠いこととしてしか感じられない「幸福な無関心」も長くは続きませんでした。大きな変化が訪れたのは二〇一一年の東日本大震災と福島原発のメルトダウン事故です。

震災と津波、原発事故に関する政府や行政の情報発信が初動で鈍く、不安を感じた多くの国民はツイッターやフェイスブックで発信される非公式な情報を拡散しました。津波で大きな被害を受けた宮城県気仙沼市では、ツイッターを通じて救助を求める情報がリレーされ、実際に東京消防庁のヘリコプターに救出されたケースもありました。多くの人は頼りない公的機関やテレビ、新聞の発信よりもネットの速報を信頼する方向へと流れました。

国内ソーシャルメディアユーザーの大多数が気にしていたのは、福島原発周辺の住民の被曝線量でした。「放射性物質は風に乗ったプルームとなって東京や大都市に運ばれてくるのか？」「その場合、チェルノブイリ事故の時のように甲状腺がんが広がるのか？」といった心配から、科学的な見解だけでなく非科学的な憶測やデマまでが雪崩を打って拡散されました。そして、政府もメディアも誤情報のオンライン拡散への対応にまでなかなか手が回らず、多くの人たちは「何が本当で、何が偽情報なのか」を見極めるためにさらにネットを見続ける、といった悪循環が起こりました。

地震と津波の衝撃、見えない放射性物質への不安。日本社会の長いまどろみ（つまり情眠）は電気ショック、いや、原発の電源喪失で中断され、それまで政治や環境問題を考えたこともない数多くの人が街頭へ足を運びました。不安と恐怖が、それまで原子力を推進し続けてきた政府への怒りにチャネリングされたのです。また、デモのオーガナイザーたちが活動家に限定しない、一般人が家族連れで参加できる「やさしい」デモの形態を設計したことも運動の規模拡大に貢献しました。万単位の人々が街に出て「原発やめろ」の声を上げました。

震災の翌年、二〇一二年六月に民主党政権の野田佳彦首相（当時）が原発二基の再稼働を指示しました。国民の反原子力感情にはさらに火がつき、とうとう七月二十九日には「脱原発国会大包囲」が行われ、火を灯したろうそくやプラカードを手にした参加者が国会を包囲しました。参加人数は主催者発表と警察発表では大きく隔たりがあり、主催者発表では二十万人、警察が報道機関に明らかにした数では一万数千人でした。

その頃の私ですが、前述したように震災直前までは原子力業界のイベントで司会や通訳、「もんじゅ」の基調講演といった仕事を連続的に受注していたので、原子力推進の「戦犯」に連座しました。SNSを見るたびに七対三ぐらいの手応えで批判（というか「恥を知れ」といった非難）と少数の応援リプライが届いていました。これらのリアクションに向き合って発信することが一日の時間の大半を占める日々が続いていきました。当時はかなり自分の名前をエゴサしました。東日本大震災以降は銀座のネオンが自粛されて夜の街は静かになり、ネット配信の仕事発注もバタバタとストップしていきました。そんな中でツイッターをやり続ける毎日は、今から振り返ると長い活動の中断、言うなれば長びいた「休息」のようでした。

そんな熱い「政治の季節」が三年ほど続いていましたが、民主党が下野して第二次安倍政権が発足し、震災前に似たような日常が戻ってきたこともあり、反原発デモに行くほどの強い思いを抱く人は激減していきました。まるで放射能の半減期を迎えたように脱原発運動は半分へ、そのまた半分へと一気にしぼんでいったのでした。

原子力に関して二〇一一年から現在に至る情報ソースや報道記事を検索しても、「中道」を行く発信はあまりありません。技術的に高度な文献ならたくさん出てくるのですが、正直言って自分には理解できないテクニカルな内容です。その科学どっぷりな情報の解釈でさえも分かれているので、最終的に自分の勘を信じています。今のところは、まあ再稼働してもいいんじゃないかな、と思っています。

一つはっきりしているのは、脱原発運動が休火山のようになっていた日本人の政治意識に再び火を灯したことです。世界各地で起きているのと同じ激動がここ日本でも起こり得る、起こり続けている。そんな動的な時間の流れを多くの日本人が感じるようになりました。あと数年して振り返ったら、日本が世界と「関係なかった」時代は実に短かったように思えるかもしれません。

ただし、歴史は進歩に向かって直進するのでもなく、繰り返すのでもなく、韻を踏むのですらなく、なんだか変てこな方向へと滑っていくように感じる今日この頃です。脱原発が自壊して残った「空き地」にはその後、右翼ポピュリズムが入植しました。今や日本の若者はおおむね「やや右」気味に意識がチューニングされています。脱原発を全力で叫んだ有名人はもう息をしていません。それか、聞こえないほどに息を潜めています。

二〇一〇年代中盤には「単純な正義を叫ぶ、高齢の左翼」と「現実主義的なやや保守の若年層」という分かれ方をした時期もありましたが、それもトランプ政権の登場で一変しました。現在は意見が分かれた人々がそれぞれのタコ壺でエコーチェンバー現象によってテーマパークのように自分の世界観を育て、異なる意見同士の対話やクロスオーバーはなかなか起きない環境になっています。ツイッターをイーロン・マスクが買い取り、「X」に仕様変更したこともこの傾向を助長しました。

かと言って、険悪さばかりが増したのでもありません。歓迎すべきトレンドもあります。二〇一九年にはアメリカ発で「#MeToo」運動が盛り上がり、その後日本でも二〇二三年七月に「強制性交等罪」を「不同意性交等罪」に変更するなど刑法が改正されました。また、性行為への同意を判断できるとみなす年齢が現在の「十三歳以上」から「十六歳以上」に変更され、同年代どうしを除いて十六歳未満との性行為は処罰されることになりました。さらに国会でのこれらの議論に並行する形で、大人がわいせつ目的を隠して子どもを手なずける「グルーミング」問題が周知されたことも大きな変化と言えるでしょう。永らく欧米基準から乖離していた日本の性犯罪処罰のあり方が前進しました。これはネット社会の広がりによって問題意識が国境を越えた良い事例だと思います。可視化と透明化が進んだことで、かつて泣き寝入りをしていた立場の弱い人たちが声を上げやすくなってきました。

ですが「ネットが弱きを助け、強きをくじく社会正義を保証してくれる」との早合点も残念ながらできません。デマや偽情報、とりわけ陰謀論が簡単に流れやすくなっています。世間の注目度合いも市場原理で乱高下し、閲覧回数が増えそうなイシューであれば瞬時にランキングで押し上げられて炎上が起こり、ユーザーの他罰感情も煽られます。

「いい思いをしている」とみなされる著名人がゴシップと一体化した恣意的な攻撃にさらされるのはもちろんのこと、感動的な「いい話」で認知された人であっても不用意な発言をして一転、叩かれまくるという事例も頻繁に起きています。企業だけではなく個々人も大衆やメディアに監視される、「相互監視」時代となりました。ここに今後はＡＩも加わってくるので、やれやれです。この状況に対して、年々衰弱していく既成メディアにはネットで吹き荒れる思い込みや情緒にバランスを取り戻させるだけの余力はすでにありません。それどころかネットに引っ張られる形でますます無節操になっています。デマゴーグ礼賛であれ魔女狩りであれ、一番声の大きい人の意見が通ってしまいがちです。

玉石混淆の結果ですが、一つ確かなのはかつてのように大きな資本を持つ企業が力づくで問題をもみ消せなくなったこと。その一例として、日本ではずっとアンタッチャブルだったジャニーズ事務所が文春との裁判にも持ちこたえていたのに、ＢＢＣの調査報道をきっかけに一気に倒れました。国際展開をする企業が一斉にテレビ番組のスポンサーから手を引き、忖度報道が維持できなくなったことが大きな要因です。これには私もチュニジアのベン・アリ政権が倒れた時と同じぐらい驚きました。次はどの巨大事務所が倒れるのでしょうか？

光と影が満載のネット。反対意見に耳を一切傾けず、攻撃する快感に依存してしまった群衆同士の乱闘を止める方法がまだ見つかっていません。

その一方で、資本と権力を集中させた勝ち組にだけ有利に働くルールで一般の人たちは割を食うだけ、ジリ貧で精神的に追い詰められても泣き寝入り、というわけでもありません。確実に変化は訪れている。賃金労働に加えて感情労働も強いられる「まごころさん」たちの声は、世界のまごころさんにも届いています。路面が凍結した道で、荷物を過積載した自転車でのデリバリーをしなくてもいい。そんな当たり前のことを、今なら言えるようになったのです。

キーワード❺ エコーチェンバー現象

SNS上で、自分と似たような価値観や考え方のユーザーをフォローすることで、同じようなニュースや情報ばかりが流通する閉じた情報環境のこと。常に自分と近い、同じような意見を見聞きしていることで、それ以外の認識や異なる発言などが間違っていると思えてくる問題点がある。

ヒストリー・オブ・モーリー

History of Morley

3

「両親」が私を変えた〜研究医の父とジャーナリストの母

「チベットのお姫様」のようだった母

「ヒストリー・オブ・モーリー①」でも私の父と母のことに少し触れましたが、ここではもう少し詳しく二人のことを書いてみます。両親がどういう家庭環境で育ったのか、私からすれば祖父母と父と母はどんな関係だったのか、それが巡り巡って私の人生に影響を与えていると思うからです。

この本の中で歴史が大事だと書いています。百年は三世代だとも言いました。私の歴史（人生）は二つの家族の先にありました。彼らのことを知ってもらうと私のことがわかってもらえる気がします。そして、読んだあなたも自分自身の家族のことが知りたくなるはずです。

父のトーマス・リー・ロバートソンJr.はアメリカ南部の宣教師の子どもとして生まれ、幼少期はイギリスの植民地だったインドで過ごしました。一九三〇年代末から四〇年代の中盤にかけて暮らしていたので、インドで暮らしている間に第二次大戦が勃発したことになります。父の一族はアメリカ建国前にスコットランドから移民した家系であり、何代か遡れば奴隷制時代にタバコ農園のプランテーションを営む一族だったそうです。ロバートソンという名字は南部諸州でそれほど珍しくありません。南北戦争で南部連合が敗北した結果、奴隷が解放されたタイミングでロバートソン一族は土地も財産も（そして奴隷も）失いました。一九三三年に生まれた父は物心ついた頃から貧しい生活でした。

父の父である祖父はインドのダージリン近くで宣教師をしながら孤児院をやっていたそうです。キリスト教の布教の一環として、子どもだった父・トーマスは数人の兄弟と共にインドの街角に立ち、マンドリンやギターを手に讃美歌を歌っていたと聞きました。当時、宗主国イギリスからの独立機運とナショナリズムが燃え上がっているインドでキリスト教の布教をすることは挑発的と見なされる行為でもありました。ある時シーク教徒の群衆に追いかけられ、持っていたマンドリンを奪い取られ、刀で真っ二つにされたそうです。家族は車の中に避難し、ことなきを得たそうですが、危機がいつやってきてもおかしくない日々でした。幼い父は言いつけられるがまま、街角に立っていたようです。孤児院で働く召し使いたちから初歩的なウルドゥー語も学びました。父が育った環境はことのほか厳格で、信仰が占める割合が大きく、礼儀正しさと謙虚さ、従順さが重要視されていました。教育には体罰も含まれ、その結果父は道徳心が強く、道を踏み外さない真面目な少年に育ちました。

そんな父は祖父からは牧師になることを期待されていて、現地のイギリス人学校に通いました。高校生の頃にハイキングをしながらヒマラヤの麓を登ったことがあったそうです。途中キャンプをしながら登っていった時にすれ違ったのが、その頃は独立していたチベット地方の王族の神輿に乗ったお姫様でした。すだれで顔が見えないようになっていて、偶然なのかがんばったのかわからないんですが、父が覗くとそのお姫様と目が合ってしまい、一目惚れをしてしまった。お姫様とはもちろん何も起きなかったけれど、このことが後にあるインパクトをもたらすことになります。

父の家族がインドで暮らしていた時は、アメリカ本国の大きな教会から拠出された布教伝道費用で生活していたそうです。ありがちなことかもしれませんが、ある時その費用が出なくなり、アメリカに家族で戻ることになりました。そこからは再び貧しい暮らしになったそうです。祖父の営む教会の宗派は南部で広く信仰されている「エヴァンジェリカル＝福音派」でした。

ここで「福音派」とは何かを解説します。聖書の言葉を厳格に守ることを教えの柱とする保守的な宗派です。聖書に書かれた一字一句を文字通り解釈する場面が多く、例えばイエス・キリストの死後の復活は哲学的なたとえ話ではなく、本当に心臓が止まった状態からイエスが息を吹き返したのだと信じられています。一人ひとりが直接自分の心にキリストを受け入れて罪や汚れを悔い、生まれ変わる「Born Again＝再生」というプロセスが重視されます。また宗教的な奇跡は実際に起きたものであり、信仰の力で病気を治せることも自明の理とされています。天変地異や戦争、飢餓を通じて世界が終わる「審判の日」が訪れ、その時にキリストが再臨するとも固く信じられています。さらにこの世界観を強化するのが説教師（preacher＝プリーチャー）たちです。壇上から声を張り上げた激烈な言い回しで行われる説教に教会の信者は心を打たれ、感動し、一体感を共有します。福音は信仰する者同士が絆で結ばれる手段でもあるのです。

父・トーマスですが、牧師になるための教育を受け、イエスの御言葉を壇上で説教できるまでになりました。が、ついぞ「異言」に貫かれる経験ができなかったのです。集会では他の信者たちが聖霊を宿し、泣き崩れたり、叫んだりするほどの躁状態に陥るのに、なぜか自分だけは待てど暮らせど聖霊が降臨しない。なぜなのだろう？　悩んだ末、同じく牧師をしている叔父に相談しました。

「信仰が足りないのでしょうか？」と。すると叔父は打ち明けました。「まあこれは、なれ合いのようなものだから。本当に聖霊が降臨しなくても降臨したふりをしていればその場は丸く収まるものだよ」。まっすぐに育てられたトーマスはこの言葉に衝撃を受けてしまい、そこから信仰が揺らぎ、崩れていってしまいました。「もしかするとこれは全部インチキだったのではないだろうか」という疑念と共に。

当時はアメリカの自然科学は世界の最先端を行っていて、科学こそがアメリカの力でした。父は信仰が揺らいだことをきっかけに、時代の最先端に乗り換えることを選び、医学校を受験、バージニア大学に合格しました。祖父は父が聖職者の道を外れたことに大変落胆したそうですが、大学進学を認めてくれました。親元を離れてからはひたすら勉強を続ける日々で、貧しい家族は学費を捻出できないため、鉄道の夜間工事のアルバイトをしながら通学しました。夜は夜勤の肉体労働、昼間は医学生です。睡眠時間はわずかで、授業の最中に頻繁に寝落ちをしてしまいましたが、講師たちは「トーマスは大変なのだから、そっとしておいて」と温かく見守っていたそうです。

ここでさらに運命が変わります。父はある日、日本からフルブライト基金で留学してきたジャーナリストの蒲田黎子を大学の書店で見かけます。その黎子は十年近く前、ヒマラヤですれちがった、あのチベットのお姫様にそっくりではありませんか。この電撃的な出会いがきっかけでトーマスと黎子は付き合い、結婚しました。私の父と母です。一九三〇年代から一九四〇年代のチベット族の王族の写真と思われる画像を検索して回り、衝撃を受けました。姫の一人は本当に当時の私の母に似ています。いや、大学で出会ったら私が声をかけていたかもしれないというぐらいにグッと来ました。でも本当にそれをやると、手塚治虫『火の鳥』や映画『バック・トゥ・ザ・フューチャー』で主人公が未来の自分の母親に言い寄られるという不穏なタイムループができてしまうので、一歩引くことにしましたが。とにかく父が母に遭遇して恋に落ちた瞬間を、おぼろげに体感できます。うん、それは恋するわなと。もしも父がヒマラヤで出会った異教徒の「チベット貴族の姫」を追いかけて結婚していたなら…パターン（1）として両親は中国が攻めてきた時、ダライ・ラマ14世に率いられてダラムサラに逃れ、私はキアヌ・リーブスに似た子として当地に生まれ、今はせっせとチベットの人権を国際社会に訴えていたことでしょう。毎日ヤクの乳から作ったバター茶を飲んで。パターン（2）としては両親は中国政府に当初は居場所を与えられるも数年後には軟禁され、私は親元から離れた施設で中国の愛国教育を施され、今頃はチベット自治区を圧迫する中国側の官僚としてラサで待遇の良い暮らしをしていたかも。中国人の妻と子を人質に取られ、熱烈な共産党への忠誠心を誓う日々です。でもそのどちらにもならなかった。今は東京のスーパーで買ってきたチョコ「カプリコ」を食べ、ハーバード時代につるんでいた仲間とトランプ再選の可能性についてスマホでメッセージのやりとりをし、ブラウザのYahoo! ニュースを読んでいます。

父・トーマスは第二次大戦の期間をインドで過ごしたし、兵役に就く年齢に達してもいなかったので、帰国してもドイツ、そして日本への勝利に沸くアメリカで自身を異邦人のように感じていたことでしょう。母に出会ったのは終戦から十五年後。好景気と明るいムードでワクワクしているアメリカ社会では親族が戦死した人を除いて、ドイツや日本に恨みを抱いている人は激減していたようです。大学のキャンパスや文学者に限定された知識人のサークルでは、鈴木大拙がアメリカにもたらした「禅」も英訳されて流行していました。

またこの頃、作曲家マーティン・デニーに代表される「アジア・ポリネシア趣味」の音楽がヒットチャート入りしており、日本、中国、ポリネシア、東南アジアの文化があまり深く考えない「風味」としてポップカルチャーに受け入れられていました。ラウンジミュージックにジャングルの動物の効果音をちりばめる形で「神秘的な東洋と南国の楽園」が表現されており、アルバムには戦時中の日本でも流行した「支那の夜」のアレンジ版も収録されています。その当時のアメリカではハワイ旅行に行くような気分でもてはやされていたのでしょう（当のマーティン・デニーはハワイに永住）。つまり父と母が出会った当時、アメリカの対日感情はそれほど悪くなかった。

余談ですが、一九七八年にＹＭＯのアルバムに収録された『ファイヤー・クラッカー』はマーティン・デニーの作品のリメイクです。「どこでもない、漠然と東洋めいた風景」がテクノポップに継承されています。さらに数年後、ＹＭＯの描くテクノポリスはリドリー・スコット監督によって『ブレードランナー』のどこかしらアジア的なネオン街の未来都市へと展開され、今日なおゲームやＳＦ映画の「サイバーなシブヤ」へと受け継がれており、戦後アメリカでもてはやされたこの「エキゾチカ」がいかに大衆心理の深層へと染み込んでいったのかがわかります。

ジョン・レノンとオノ・ヨーコ夫婦とは対照的だった二人

さて、父・トーマスにとって「チベットのお姫様」の再来に思えた母・蒲田黎子はどのような女性だったのでしょうか？

蒲田黎子は富山県高岡市の古くからの大地主の家に生まれました。広大な土地を所有し、お屋敷暮らし。上には長男、下には次男がおり、三人とも別々の女中がかしずく暮らしをしていました。母の父・蒲田實《みのる》は市会議員も務め、大正デモクラシーの息吹を感じた先進的なお金持ち層の知識人でした。太平洋戦争初期、日本軍がシンガポールを攻撃して陥落させた時、万歳を叫ぶ勝利の式典が全国で開催されたのですが、高岡市の式典で発言する順番が回ってきた際に「日本はまだ発展途上国であり、真の国力は大したものではない。身の程をわきまえてこのあたりで講和してはどうか」と意見を述べたのですが、大会を監視していた憲兵の逆鱗に触れ、あわや剣で斬り殺される寸前にまでなったそうです。市長が仲裁をしてことなきを得ましたが、蒲田實が斬られていたタイムラインを想像すると、今ここにいる私が「シュンッ」と消えてしまい、世界の光景がほんの少し過去の時間の修正と共に変わります。

地主であったため労働運動には冷淡でありながら、欧米型のデモクラシーに夢を抱いていた祖父・實は、国民の意識が戦争礼讃へと総動員される日本のあり方を苦々しく思いつつ沈黙。戦争末期、物資不足に陥った軍の命令で「軍艦を建造する」ため、お屋敷の樹齢数百年の大木が何本も伐採されるさまを幼い母・黎子も見守っていました。終戦の玉音放送は屋敷の庭で家族や使用人たちと一緒に聞いたそうです。その時、黎子は一四歳。その後GHQの占領が始まり、屋敷の周辺を残して土地がすべて没収され、小作人たちに払い下げられたそうです。戦後、解放された小作人たちが大きな口を叩くようになったことを、かつて大地主であった實は「恩知らず」だと嘆いたこともあったそうです。

さてにわかに始まったデモクラシーの時代に、黎子は活路を見出しました。戦前から「女子も教育を受ける時代が来た」と祖父・實の激励を受け、読み書き、書道、琴などの英才教育を受けていた母は女学校を卒業し、まず東京外国語大学に入学。しかし志を抱いて一年で中退し、早稲田大学を受験し直して政経学部に合格。猛勉の末、学部を首席で卒業したそうです。そのままの勢いで毎日新聞の入社試験に願書を提出。毎日新聞は女性の正社員を採用していなかったのですが、形式的に受験したところトップの成績を収め、緊急会議が開かれた結果、女性の正社員第一号として採用。戦後デモクラシーならではの、経営トップの粋なはからいでした。

黎子は新米記者として仙台支局で一年間「サツ回り」をした後に本社の外信部に配属され、英語の能力を駆使してライシャワー駐日大使へのインタビューも行いました。夕刊に連載したコラム「十字路」をまとめた著書『もしもしハロー』のまえがきは他ならぬ三島由紀夫の筆によるもの。どれだけ新時代のエリートなんだと時を経て、息子の私が思っています。

若い黎子の勢いは止まるところを知らず、フルブライト基金に応募し、合格。そしてアメリカ政府の招待でバージニア大学の修士課程に二年間留学。ある日、キャンパス内の書店でトーマス・ロバートソンに出会ったのでした。卒業後めでたく成婚した母は、毎日新聞を寿退社し、アメリカに引っ越して二年後に私、モーリーがマンハッタンの病院で生まれました。

国際結婚をした父と母ですが、共有していた世界観は保守的なものでした。母と同期でフルブライト留学したジャーナリストの小田実《おだまこと》は、アメリカ留学から帰国すると真反対のイデオロギーに振り切れ「ベ平連＝ベトナムに平和を！市民連合」を結成、ベトナム戦争に反対するデモ、討論会、反戦広告、米兵の脱走援助など多様な運動を展開し、マスコミの表舞台でカラフルな活動を続けました。

一方、母・黎子は日米同盟を軸に、安全保障と経済発展の双方で安定を望む穏健派の保守論客としてペンをふるいました。父・トーマスは母と結婚し、私が生まれて二歳になったタイミングでサンフランシスコに転勤、市民病院に勤めることになったのですが、その直後、サンフランシスコは「ヒッピー革命」の中心地となりました。全米からベトナム戦争やアメリカ社会の保守性に反発する若者が大挙してサンフランシスコに集結し、多くは広大な敷地のゴールデンゲート公園に寝泊まりしました。サンフランシスコは一年を通して温暖な気候なので公園でテントを張っても暮らせますし、寝袋があればしのげます。性の解放も叫ばれ、若い女性たちは奔放に振る舞いました。ロックの大音響の中で裸になって踊る若者、公園でヨガを行う者、大麻を吸った後でふらふらと市営バスに乗り込む者。当時のマスコミがフラワー・チルドレンをおもしろおかしく報じたこともあって、父はこれらの無軌道な若者たちに嫌悪感を抱くようになりました。実際に日々、勤務先の病院にドラッグをオーバードーズした若者が続々と運び込まれているのを目の当たりにし、医師として当然の危惧を抱いた側面もありました。

同じ国際結婚であっても、父より一回り若いジョン・レノンと母と同年代のオノ・ヨーコの夫妻がフラワー・ムーブメントの先頭に立ってベトナム戦争反対、「愛と平和」を叫んだのとは対照的に、父も母もアメリカの「古き良き保守」の思想で共和党寄りの思考だったのです。

父は黒人の人権を主張する公民権運動に対しても懐疑的で、「中に共産主義陣営のアジテーターが入り込んでいるかもしれない」と疑っていたふしがあります。それに南部の出身なので、黒人と白人がまったく同じに扱われるようになれば社会が混乱すると思っていた可能性が高い（その後の父の言動をもとに推測しています）。一九六八年の大統領選でおそらく父はリチャード・ニクソン候補を支持したでしょう。ただ、二期目に再選されたニクソン大統領が「ウォーターゲート事件」を起こすと父は裏切られた思いで「ニクソンはペテン師（crook）だ」と漏らしていたのを子どもながらに覚えています。実は「ウォーターゲート事件」の真っ只中、ニクソン大統領は記者会見で「私はペテン師ではありません＝I am not a crook」という有名な発言をしています。その後、ニクソンは辞職し、弾劾裁判を逃れました。父の保守思想はそれでも揺るぎませんでした。

日米同盟を重んじ、公民権運動、フェミニズムに違和感。フラワー・ムーブメントとロック・ミュージックは堕落していて嫌い。両親の価値観ははっきりしていました。と同時に、父はとてもまっすぐな「科学者の良心」に突き動かされて広島市の研究所「ＡＢＣＣ」に赴任し、被爆者の救済と核なき世界を目指すべく、研究にコミットしました。福音派キリスト教の倫理を科学の精神と結びつけたのでした。

広島市に暮らした時期はアメリカの好景気と日本の高度経済成長が重なり、私の家庭の暮らしは中産階級のやや裕福な水準でした。広島に勤務していた八年間のうち最初の五年は一ドルが三百六十円で固定されていて、父はアメリカ政府から給与が支払われていたため、広島に暮らす上で追い風でした。また牛肉と柑橘類の輸入が制限されている中でしたが、母は山口県岩国市の米軍基地へ買い出しに行く権限があったため、冷凍牛肉をアイスボックスいっぱいに仕込んで家庭ではアメリカ式の牛肉が多い食事をしていました。

そんな家庭で育てられた私は南部の伝統を誇りに思う父と、日本の旧家の誇りを守った母から双方の伝統を尊ぶ心を学びました。と同時に、国際結婚という行為が（チベットのお姫様のお導きの結果だったとしても）まだまだ進歩的だった時代に、父の国の言葉である英語と母の国の言葉である日本語を共に大事にする姿勢が家庭で貫かれました。二つの保守と、二つの誇りです。

　母の世代で国際結婚をした日本人女性の多くは占領期に米兵と結婚して渡米しており、「戦争花嫁＝war bride」と呼ばれていました。「戦争花嫁」の人々は積極的に自身の体験を語ってこなかったので、ほとんど記録が残っていません。存命中の方から孫の世代の研究者やジャーナリストなどが聞き取りを行う動きもあります。現在、戦争花嫁は焼け跡の中で米兵と出会い、恋愛して国を離れた人たちでした。したがってアメリカに移民して家庭を営む中で、子どもに日本語を教えるという強いインセンティブが働かなかったことは想像に難くありません。アメリカで生まれた子どもたちは「お母さんは英語が下手だな」というぐらいの気持ちで、周囲と少し風貌の異なるアメリカ人として育っていた、そんな時代でした。

　母はアメリカに移り住む際、「戦争花嫁」呼ばわりされることを屈辱だと捉えていました。「日本を捨てたあの人たちと私は一緒ではない」との強い思いです。世界のどこに行っても母・黎子はあくまで誇らしい日本人であり、富山県高岡市の地主の末裔であり、蒲田家の先《せん》祖《ぞ》代々諸精霊《だいだいしょしょうれい》に恥じない品位ある生き方を誓っていたのです。日本はアメリカとの戦争に負けたけど、それは判断を誤った政府や国際的な視野を持たない軍人たちが過ちを犯したのであって（現に祖父・實は戦争に反対だった）、敗戦国だからといって日本人であることを恥じたり、卑屈になる必要はない。問われればいつでも日本の心や文化をアメリカ人に説明して、一つひとつの橋をかけていけばいいとのスタンスで、アメリカで永住権を取得しつつも生涯パスポートは日本のままでした。

私は両親からダブルで誇りを受け継ぎ、英語も日本語もダブルの母語であると認識するまでそれほど時間はかかりませんでした。小学校五年生に上がったタイミングで、広島のインターナショナルスクールで日本語の使用が制限されるや、二念なく日本の小学校への転校を申し出たのです。


あれから幾山河の経験を経て、現在の私が思うのは、こんなアクの強い文化を二つも受け継いでよくも維持してきたなということです。正直なところ、だいぶしんどかったです。日本に暮らすと英語が抜けていく。アメリカに暮らすと日本語をまったく話さなくなる。その理由は本当のバイリンガルを達成した結果、行った先で現地の言葉に没入できるからです。日が経つにつれ感情のパターン、そして人格も、少しずつ「現地化」して変わっていきます。

大学生として暮らしたアメリカの七年間、次第に日本的な感受性がアメリカの現地文化で上書きされそうになる感覚に襲われることが度々あり、孤軍奮闘で双方の感受性をバランスさせました。アメリカに暮らす中で、毎日最低一時間は日本語で文章を書いた時期もありました。今は東京に暮らし続けて社会のルールに順応しきっている側面もありますが、ハーバード時代に共に悪ふざけをしたり、夜通し語らった仲間から連絡が来ると、数分後には「アメリカ人の自分」にスナップするように戻っています。

かなりの長い期間、日本語が話せない日系人、英語が話せないミックスの人たちとは意図的に距離を置いてきました。インターナショナルスクールを卒業した仲間同士で集まって日本語と英語をセンテンスの途中で接合する「チャンポン」で楽しく話すパーティーが開かれても、その言葉を聴くだけでもおぞましい、と毛嫌いしたほどです。その延長なのか、小室哲哉さんに代表されるJ－POPも歌詞の途中に「I'm proud」や「Wow War Tonight」といった英語の語句が挿入されることにアレルギーがあり、歌詞のみならずコード進行までも嫌いになりました。J－POPのBGMが聞こえてくると「心の耳」を閉ざしています。一方でDA PUMPの「U.S.A.」だけは何度も聴きたくなるほど好きです。「数十年でリレーションシップ」って、すごくかっこいい…歌詞に出てくる「サクセスの味方、オーガナイザー」に私もなりたい。

ジャーナリストになって、両親から暗黙のうちに受け継いだ世界観はかなり拡張されました。例えばBLM（Black Lives Matter＝黒人の人権も大切だ）運動の背景や戦争花嫁、日系人たちの表舞台で記述されなかった経験を真摯に受け止めています。何重にもマイノリティーとなった人たちが自己主張をせず、あるいはアイデンティティーを圧殺されながらも地に根を張って生きた記録を、できれば一つひとつ拾っていきたいと思っています。私と同じように日本人とアメリカ人の間に生まれながら、英語か日本語だけで生きていくことを選んだ人たちの視点をも知って対話していきたいと思います。それこそが「みんな違ってみんないい」社会への橋渡しになると思うからです。この百五十年間、日米両方でそれぞれアイデンティティーを守り通したみんな、あるいは新天地へと身も心も移民したみんなに「お疲れ様」と言いたい。

第4章

どうすれば「自分」を変えられるか?

アニメの効果でバンドを始める若い女性が増えています。日本の女性が変わっていけば、男性も影響を受けるでしょう。

アニメ作品『ぼっち・ざ・ろっく!』の劇中バンド、結束バンドのアルバム『結束バンド』(アニプレックス)。
『オリコン年間ランキング2023』において、
「作品別売上数部門」の「デジタルアルバムランキング」1位を獲得。

男女格差を減らすと経済力と生産性が上がる

『ハーバード白熱教室講義録』で有名になったマイケル・サンデル教授も指摘していることですが、能力主義がここ数十年間、社会の分断を深めています。能力主義は大まかに定義すると「がんばればその分、報われる」という考え方です。経済的に成功した勝者は自身の才能を磨き、努力をした結果の果実を手にしたのだという価値観で、現在の日本では主流と言えます。ただそこで見落とされているのは「そもそものスタート地点に大きな差がある」ということです。現在、社会で成功している大半の人たちは出身家庭が恵まれており、生まれながらに下駄を履かせてもらっていて、そのことに無自覚である、とサンデル教授は強調します。逆に激化する競争の中で増え続ける敗者たちは、暮らしがよくならないのは努力が足りなかったからだ、と自己責任の価値観で自身を貶めます。その結果、多くの人が無力感を味わうことになり、その諦めが怒りとなってトランプ運動や極右思想、排外思想へと流れ込んでいる、との見立てです。

アメリカで人種差別、男女差別が法律で禁止されてから半世紀。この間にさまざまなパイオニアたちが壁や天井をぶち破って華々しい活躍を繰り返してきました。オバマ大統領、カマラ・ハリス副大統領、白人男性以外の属性を持つ政治家、各界の指導者、科学者、イノベーター、経営者、スポーツ選手、アーティストなどが無数に輩出され続けています。人種と男女の壁が少しずつ崩れ、さらに性的マイノリティー、移民と難民、障害者という属性を持つ人たちもヒーローのように活躍し続けています。さらに貧困な環境や性暴力のサバイバーたちも声を上げ、社会の総意が声を上げる人たちの勇気を讃えるようになりました。犯罪を犯して服役し、社会に復帰して成功したヒーローもいます。

つまり壁が一つ崩れた結果、次々と連鎖して他の壁も崩れていった。制度的な抑圧に負けず、自分を信じて道を切り開き、自身も成功し、あとに続く人のためにドアを開けた無数の人たちが行列をなしているのです。アメリカ社会は資本主義のアニマルなパワーと同時に、こういう人たちの眠っていた能力をも呼び覚ますエンジンになってきました。幻想と妄想も込みの「アメリカン・ドリーム」が、お金持ちにも貧乏な人にも「野心を持っていい、自分を信じるんだ。Believe in yourself.」と北極星のように輝いているのです。

しかし、この時代を動かすパワーは個々人にだけ委ねられたのではありません。歴代の政権がアファーマティブ・アクションという政策を推進し、門戸を社会的弱者に積極的に開放してきたことも功を奏しています。白人の公立学校に黒人街の生徒をバスで運ぶ政策でチャンスを得た少女が、前述したように、今やアメリカの副大統領なのです。紆余曲折と賛否両論の嵐が長く続きましたが、確実に結果は出せました。まだアファーマティブ・アクションを口にするのも憚られる今の日本で、そこは見習ってもいいでしょう。

人種、性別、性自認、親の所得などにとらわれない成功事例が重なると、ますますスタート地点が水平化していきます。例えば女性のCEOがまったくいない環境が三割いる環境になると、次に女性がチャンスをものにできるオッズが劇的に改善されるからです。真の公平さとは今も程遠いのは事実です。しかし、かなりのスピードでそのギャップは縮まっているのです。企業が多様性の力を活用したかしないかの明暗は、リトマス紙のようにはっきりと示されています。GAFAMを筆頭に、社員の構成が多様な企業ほど生産性が高く利益を出しており、多様性に背を向けた企業は変わっていく市場のニーズも把握できず、沈んでいっています。このところ、日本の都市部の駅の構内や街中のあちこちに登場する画面広告がやたらと人種、ジェンダーで多様化しているとの印象はないでしょうか？　その広告主は海外資本であったり日本のIT系企業である確率が高いと思います。もっとも、それらの広告と入れ替わりに表示される広告には萌えアニメのキャラやアイドルも多く、二つの「時計」がせめぎ合っているようにも見えます。

グレタ・ガーウィグ監督の映画『バービー』は国際的にも注目を集めましたが、バービー人形の製造元であるマテル社の取締役会に永らく男性しかいなかった問題を風刺を込めて描いていています。『バービー』を見た日本人が男性ばかりの取締役会に慣れきっていて、風刺のツボを外していたなら残念です。ジェンダーへの取り組みが、なぜ先進国の中でことさら日本だけ遅いのか？　私にとっても謎です。ソーシャルメディアを見に行くと、こじらせた保守性と、フォーミュラを抜け出せない思想と化したフェミニズムが日々罵倒合戦を繰り返しているさまがうかがえますが、これとて断片に過ぎません。言語化もされないまま、何かが日本社会の深層心理に沈着しているんじゃないか。そんな風に漠然と感じています。このあとの文章で、考える手がかりを探していこうと思います。

いったんまとめると、戦後の国際秩序のリーダーであった超大国のアメリカで人種差別の壁、男女差別の壁が法の下に撤廃され、それが次々とチャンスをもたらして多種多様な成功者や指導者が誕生しました。性的マイノリティーを含む少数者も意見を発信しやすくなり、アメリカ社会の多様化が加速。多様性そのものが新たな資源となってイノベーションが促進され、アメリカの生産性と付加価値は極大化していきました。しかし同時にグローバル経済のルール変更に伴う格差拡大、富を集中させた知的なリベラル階級の固定化、負け組に追いやられた人たち、特に白人男性の極右傾向といった副作用も起きて現在に至っています。またグローバル経済によって中国やロシアなどの独裁国家が力をつけ、国際情勢が複雑化したこともあって、アメリカは超大国でありながら国際秩序の番人であり続けるのは不可能になり、世界全体が流動化しています。

日本も間違いなくこの時代の流れに影響されます。そこでいったん、来た道を振り返ってみましょう。

キーワード❶ アファーマティブ・アクション
過去の社会的、構造的な差別の影響で現在不利益を受けている集団に対して、実質的な機会均等をもたらすための特別な機会を提供すること。その対象は女性、有色人種、少数民族、障害者などを指す。一九六〇年代から主に欧米において行われてきたが、この語は一九六一年にジョン・F・ケネディ大統領が大統領令において初めて使用した。

八〇年代の朝ドラ『おしん』に日本復活のカギがある

私が一つの見本としてオススメしたいのは、NHKオンデマンドで見られる橋田壽賀子脚本ドラマ『おしん』（一九八三年）です。ドラマを見てあなたも「もし主人公だったら」と想像できれば、自分の行動にフィードバックできる新たなヒントを得られるかもしれません。

物語の中で主人公であるおしんは明治三十四年（一九〇一年）に生まれ、生きるか死ぬかという中で必死に動き続けていきます。東北の貧困な農家に生まれ、増えすぎた子どもの一人であったため、「口減らし」を兼ねて米と引き換えに奉公に出されることになります。おしんは実家からほぼ捨てられたにもかかわらず、家族を支えるために奉公先での仕打ちに耐えて児童労働を続けます。その後、初々しい娘になったタイミングで今度は女郎屋に売られそうになったことを察し、母親の助けを借りて逃亡します。ほうほうの体で東京に辿り着いたおしんは、髪結いに頼み込んで住み込みの奉公人となります。当時の女性が自立して収入を得られる数少ない職業の一つが髪結いでした。今でも言われることですが、「手に職」を持つことは家族やパートナーの収入によって家庭に縛られる可能性が減り、さらには自立ができます。ここまでも波乱の人生に見えますが、おしんは結婚をした後、事業での才覚を発揮していくことになります。

おしんは関東大震災や太平洋戦争を生き抜いて、とうとう戦後の高度経済成長の波に乗り、力技を繰り出しながら名うての女性経営者へと成長していきます。明治に生まれ、大正と昭和を生命力と辛抱で駆け上がっていくその姿は眩しくもあり、かつて敗戦国だった日本の経済復興を彷彿とさせる力強い存在にまでなりました。

『おしん』がＮＨＫで全国放送された一九八三年と言えば、十四歳で終戦を迎えた私の母が五十歳だった年で、日本の経済力が頂点に向かい、ニューヨークのロックフェラーセンタービルに日本企業の現地支部が続々と入っていた時期です。

貧しかった時代や敗戦の記憶がまだ語り継がれながらも、数字の上では先進国としての豊かさを達成した日本が、これから進むべき道を模索している時代でもありました。私もその年から日本のテレビ局や出版社のニューヨーク支局に出入りするようになり、メディアとの関わりが始まった頃でした。

その三年後に訪れる「バブル景気」の前兆が感じられる中、ドラマ『おしん』は浮かれたムードの日本社会に向かって「このままでいいんですか。一度立ち止まって敗戦からやってきた道のりを振り返ってみませんか」と問いかけているようでした。

ＮＨＫテレビ放送開始三十周年記念作品として制作された『おしん』の平均視聴率は52・6％、最高視聴率は62・9％で、テレビドラマ史上の最高視聴率を叩き出し、朝ドラの最高傑作と呼ばれています。そして、『おしん』は日本だけではなく、その後に全世界で放映されることになり、特に途上国では抜群の人気と知名度を獲得しました。農村の男尊女卑が厳しい東南アジア、戒律で男女の役割が固定されているイスラム圏では特に共鳴する視聴者が多く、熱狂的とも言える支持を得ています。

ドラマでおしんの父親役だった伊東四朗さんは、ご自身でも「中東で知名度がすごい」とおっしゃっていたぐらいに浸透しています。伝統や戒律の厳しい国の人ほど、『おしん』を見るとまっすぐ主人公に感情移入ができて素直な涙を流しています。

今こそ国や民族の壁をぶち抜いて、人と人が繋がれる物語として再認識されるべき作品が『おしん』です。ＮＨＫオンデマンドで見られるアーカイブが十分に強烈なので、Amazon Prime や Netflix のリメイクだけはしてほしくないと切に願います。

私も初回の放映時はアメリカ在住で見ていませんでしたが、二〇二三年になって改めて見たところ、ギンギンになりました。現在の日本を考える上でまたとない糧になるドラマだと断言できます。

今改めて『おしん』を見るとどうなるか？

まずはコンビニで働いている外国人を見る目が変わるでしょう。東南アジア、南アジア、東アジアを問わず、海外からやってきている若い人たちと挨拶からでいいのでぜひ世間話をしてみてほしい。『おしん』はけして昔話ではなく、人類の現在をなぞっていることがわかります。さまざまな困難を乗り越えた若者たちがアジア諸国からこの国に来ている。その視点で日本を見られれば、他愛のない世間話でさえもあなたが知らなかった環境や文化への小さな窓が開くきっかけになります。今までとは違う角度や尺度で自分自身を見られるようにもなってくるはずです。

結論を先に申します。日本の非正規労働者の中でも、ことさら若い人たちが働かされている環境は徐々に百年前の農業における「小作人」の立場へ回帰しています。ハイテクやコンビニエンスのオブラートが何層もあって見えにくくなっていますが、働く人の身分はデジタルに管理される小作人、まさに「ＡＩ小作」です。やればやるほどに負荷が上乗せされて借金が増えていき、意欲や気力が燃え尽きていく仕組みがそこかしこにあり、ぐるっと回って百年ぶりにこんにちは、と言わんばかりに「小作人」の状態に陥っている。

「ＡＩ小作人」とは、チャンスを生み出す手持ちの資産がそもそもない人たちであり、主張できる権利は契約時に極限まで制限されているため、収益モデルによる企業の利潤が分配されることはありません。

「ＡＩ小作人」はステークホルダーにはなれません。働く環境自体がそもそも、その「ＡＩ小作」の時間と労力を効果的に搾り取るように設計されています。次第に日常の全体が知らぬ間に飼い馴らされていき、二十四時間の行動だけではなく心の中までもが歯車やネジとなっていってしまうのです。扉の開いたケージ（檻）に暮らすようなものです。自分からそのケージに居場所を見出し、むしろケージの中に居続けられることに安堵感を覚える。それどころかケージの中では身分が保証されるので、外の世界で身分を保証されない人間より自分は「上」なのだと優越感さえ抱いてしまう。これこそ私が自由意志で選んだ仕事であり、自分の居場所なのだ。そして日々仕事に没頭するうちに、面倒なことは考えなくなる。麻痺しているのではなく、最初から問題がないのだから考える必要もない。そう思える。ちゃんとやるべきことをやっているんだし、余計なことを考えて悩まない。それがスマートに生きることだ。

このように思い込んではいるのですが、現実には自分で考え、悩んで一つずつ自己決定するという「機会」を放棄しています。さらには自己決定する権限すらも他に委ねていることになります。自分は自分の生き方の主役ではなくなり、自分の人生の傍観者へとシフトしていきます。言うなれば助手席に座っているだけで、目的地を選ぶことも移動する主体にもなれません。ハンドルを握らせてもらえないため、一定の間隔で鬱憤や不満がたまっていくことになります。ただ、この生活を根本から否定したり、自らより良い条件を求めて交渉しようと思っても、当初からオプションが限られている。地主に畑を耕す許可をもらっている小作人には交渉する権限が与えられていないからです。

「扉は開いているので、いつでも出て行っていいんですよ」と言われても、さて扉から出ようと思うだろうか？　今ある確かなものを手放してでも外に出ていく勇気や強い意志は、かなりの昔になくなっている。そのノー・チョイスぶりは本当はみじめなことです。しかし、みじめになったら負けです。生きてる意味がない。そんな虚しさを抱えるぐらいなら、虚しさの隙間を楽しいことで埋めればいいじゃないか。空いた時間、つまり許可された休憩時間に娯楽配信やソーシャルメディアを見る。見まくる。

美形の男女を愛でる推し活、芸能人のゴシップ、スポーツ、アニメ、ゲーム、SHEIN、Temu、二次元、萌え、エロ、没入型VR、「日本がすごい。日本人でよかった」と言ってくれるバラエティー番組…メニューはセレクションが満載です。こんなにがんばっている自分なんだから、もしかしたらジャック・マーのようになれるかもしれない。堀江貴文、ひろゆき、成田悠輔、イーロン・マスク、カニエ・ウェストの「アバター」を身にまとうように、口ぶりを真似てソーシャルメディアに匿名でカキコする。夢はうっすらと果てしなく。才能がある人は努力なんてしない。感性と着眼点で富を次から次へと生み出すんだよ。などなど。

甘い味だけではなく、辛い味のアミューズメントもたくさん用意されています。続々と起こるＳＮＳの炎上と延焼。粗相をしたどこかのバイト君、いい思いをしているのに謙虚に振る舞わない著名人、燃え尽きて生活保護を申請する人、日本を侮辱して国外に逃げた外国人、富と権力を世襲した自民党と経済界の新自由主義者のクズども。などなど。

藁で作られた「魔女」の人形を次々と差し出され、その人形に罵声を浴びせると、藁人形が炎で包まれる。なんだか気持ちいい。ケージの外から見れば自分で自分を怒鳴りつけ、リストカットしているわけなんだが、中にいるとそれには気づけない。そして、悲しいことに正義という名の自傷は、気持ちいいんです。うっとりしちゃうんですよ。おれ、カッケー。私が私らしくいられる。扉すらない出入り口に私は内側から「施錠」する。なんなら面倒くさい外の世界は忘れ去ってしまおう。

小さな世界に飼い馴らされてしまうとそのうち居心地がよくなりすぎて、「この居心地のよさは何なのだろう？　話が出来すぎていないか？」と振り返る客観性が損なわれてしまいます。そうなる前に抜け出してください。ケージの外で他の「ＡＩ小作」をやっている人と話し合って、一度しっかり相手の言うことを聞いてみたらどうでしょう？

その先には「悪い魔法使いの呪文」によって眠らされていたあなた自身が見つかるかもしれません。王子様はお姫様の口づけで目覚めます。王子様を見ているお姫様とお姫様を見ている王子様。その二つの視線を同時に双方向で見られたなら、魔法が解けてケージは一瞬で消滅する。いらないものは最初からいらない。

キーワード❷ SNSの炎上

主にSNSやインターネット上の特定の対象に対して批判が殺到して収まりがつかなさそうな状態であったり、特定の話題に関する議論の盛り上がり方が尋常ではなく、SNSなどでバッシングが行われる状態のことをいう。個人の発言だけではなく、社員の不適切な発言、製品の欠陥、あるいは企業の社会的な不誠実さなどが引き金となり、SNSを介して一瞬で多くのユーザーに広まり、収拾のつかない事態に発展することも多々ある。

「リケジョ」がこれからの日本にとって大切な存在に

『おしん』からもう一つ枝を伸ばしてみましょう。主人公のおしんは小学校に行きたくても奉公先で子守をしなくてはいけませんでした。しかし、紆余曲折を経て強い意志で読み書きと計算を教わったことで運命が変わりました。

ドラマの中で、おしんは奉公先の使用人たちに、「おら、学校に行きてえ」と訴えかけます。すると先輩の使用人女性たちは、「女が読み書きを覚えてどうするんだ？」と明るく笑います。また、別のエピソードでは先輩の女性奉公人が曜日や日付を知らないことも判明します。そんなことを知らなくても奉公はできました。いや、何も知らないからこそ、疑いもなくそこで搾取されていることにも気づかずに働き続けることができたのです。

今、G7だけでなく新興国でも国家レベルで力を入れているのが、女性の「STEM教育」になっています。つまり理系教育の必要性です。「STEM」とは「Science（科学）、Technology（技術）、Engineering（工学）、Mathematics（数学）」の頭文字を並べた略称です。「STEM」は科学教育の根幹と言われており、科学技術開発は国際競争力を高めるために必須のアイテムとなっています。そして、女性「STEM」が本当に世界を変える、というのがほとんどの専門家の共通認識になっています。

「脳の構造が男の子と違うから、女の子はそもそも理系には向かない」という嘘が今までまかり通ってきました。あるいは社会的に女性は子どもを産み育て、家庭を守ることに向いている。したがって理系のキャリアパスに乗せること自体に無理があり、かわいそうなんだともされてきました。

日本の理系学部では東大を筆頭に女性がマイノリティーであり、「リケジョ」などの愛称で呼ばれたりします。「女の子なのに賢いんだねえ」というのは、そもそも男性優位社会を前提にした物言いです。そこには何世代にもわたって受け継がれてきたホモソーシャル（男性中心の同質社会的）な空間が壁になって横たわってきました。

二〇一四年の「ＳＴＡＰ細胞事件」を思い出してみましょう。これは「万能細胞」を手軽に作れる方法を見つけたとする論文の発表で、当初は「世紀の大発見」と話題になりました。しかし、発表された内容を世界中のラボで再現することができず、画像の切り貼りなど疑惑も噴出。研究不正の疑いが濃厚になり、権威あるイギリスの学術誌『Nature』がいったん掲載した論文を取り下げたという事件でした。それ以上でも以下でもないのですが、「ＳＴＡＰ細胞」の論文を発表して、一夜にして「リケジョの星」として時代の寵児になった小保方晴子研究ユニットリーダーのことを皆さん覚えていると思います。彼女は割烹着を着てマスコミの前に登場したのですが、その姿がやたらとキャッチーでメディア受けしました。

小保方さんが不正な研究をどの程度主導していたかは藪の中ですが、マスコミによって持ち上げられている時も不正を追及されている時も、女性であることが「つかみ」になっていたのです。「美人研究者」「リケジョ」が背伸びをして不正に手を染めた。日本を代表する科学者でもある副センター長と不適切な関係にあったのではないか、などといったゴシップも飛び交いました。

マスコミが報じる小保方さんの話題はどんどんと「おもしろく」チューニングされていき、事件の渦中で副センター長だった男性は自殺してしまいます。事件後、小保方氏は著書『あの日』を出版しました。著書では彼女自身がむしろ被害者であった、と強調されていました。

私はこの事件の展開よりも、女性が研究室の中でも外でも明るく、可愛く振る舞う「プラスアルファ」を求められる存在であることに異様さやグロテスクなものを感じました。アメリカもかつてそのような状況でした。しかし一人、また一人と女性研究者たちが男性研究者たちのホモソーシャルの壁に穴を開け、結果を出していきました。その積み重ねの上で、リサ・ランドール博士のような異彩を放つ物理学者が出てくる土壌ができたのです。ランドール博士は二〇一六年の署名記事でこう述べています。

「もしも私が世界を変えることができるなら、火星行きの優先順位をさげ、女性の意見がちゃんと耳を傾けられるようにします」

女性の理系教育をどんどん前進させていくことで、社会全体の基礎リテラシーや経済リテラシーも上がっていきます。サイエンスの基礎があるといろんなことが数学や論理を通して理解できる上、検証する知的なスタミナが身につくので、すぐに結論に飛びつかなくなります。気分や直感という皮膚感覚だけで判断しない。皮膚感覚はもちろん必要ですが、異なる解釈にも耳を傾けて検討する余裕を絶えずキープして功を焦らない。この繰り返しから体系的なモデルを組み立てられる人こそが、世界を変える力を秘めています。プロセスはドライで地味。されど、もたらされる結果は劇的でド派手なのがサイエンスなのです。

国家レベルで女性の理系教育をちゃんと後押しすれば、日本の伸びしろはすごいものが期待できます。その伸びしろをあえて無視したままで、今まで先進国を長らく維持できたことこそねじれた意味で奇跡的でした。

東大に目を向けると、入学者全体の男女比率は八対二です。しかし、科類によって比率がかなり異なります。例えば大半の学生が工学部や理学部で学ぶことになる理科一類には女性は一割ほどしかいません。全国的に女性の学生の多くが学ぶ分野を含む文科三類（文学部、教育学部、教養学部）の女性比率は四割ほどになります。これだけでも男女の性差が偏っていることがわかります。集英社オンラインの記事を引用しましょう。


2019年の東大入学式の祝辞で、東大の名誉教授で社会学者の上野千鶴子は、入学生の8割が男性で占められる東大生に向かって「がんばったら報われるとあなたがたが思えることそのものが、あなたがたの努力の成果ではなく、環境のおかげだったことを忘れないようにしてください」と説いて議論を呼んだ。東大のいびつな学生男女比、均質な出身高校や出身地域は決して自然の結果ではない。

今の日本社会では、どれほど潜在的に才能豊かでも、たとえば地方の町村で生まれ育った経済的に厳しい環境にある女性が東大を受験して、合格する可能性はものすごく低いのが実情である。上野はこのような社会の意味を真剣に考えるよう新入生に促した。

「あなたたちを励まし、背を押し、手を持ってひきあげ、やりとげたことを評価」してくれるような、安定した家庭の男子が優遇される社会が日本にはある。「頭が良い」だけではなかなか東大には合格できない。東大に合格するにはもともとの才能を発揮することを可能にする特殊な環境が必要なわけであるが、現状、それにアクセスできるのは都会の中流以上の家庭の男子が圧倒的に多いのである。(二〇二四年四月二日「なぜ東大生の8割は男性なのか?『男女比の偏りが慢性的な差別的発言を生んでいる』という女性学生の危機意識」より)

上野千鶴子名誉教授の名前がメディアに出ると、決まってSNSでは、「左翼」「学者というより活動家」に始まる反発がお約束として書き込まれます。私自身も上野名誉教授のさまざまな発言に違和感を感じてきた一人です。しかし、この論旨は的を射ていると思います。同等の論理展開を前出のサンデル教授も先進国の富裕層一般に対して行っています。アメリカの有名大学を卒業して富を手にする、もしくは世襲する者たちは得てして「自分ががんばったから報酬を得ている」と思い込みますが、実は環境に優遇された上で身につけたスキルセットがたまたま市場のニーズと一致したに過ぎない、と喝破しています。

要するに「成功者のあなたたちはもっと謙虚になれよ」ということです。東大の八対二を自明の理と捉えて逃げてしまうのではなく、どうすれば五対五に持っていけるかというディスカッションのテーブルに女性を男性と同じ数だけ招いて考えないといけない時が来ているのです。

前述しましたが、ＩＭＦもそう言っています。日本のもう一つの喫緊の課題である移民政策を仮にうっちゃらかしたとしても、女性の「ＳＴＥＭ教育」に国として投資すれば、そのリターンはＧＤＰを数％押し上げるものとなって先々加速していくはずです。このポートフォリオのどこに無理があるのでしょうか？

若い女性の皆さんには、理系と文系の両方にまたがる自己教育をオススメします。今ある学校教育に依存しないで、自分で見つける学習方法を探してください。

YouTubeにも無償、有償のチューートリアルが山ほどあります。現状、日本の理数系チュートリアルは「お受験風味」のものが目立ちます。より柔軟で想像力を後押ししてくれるチューートリアルは英語圏の方が多いのは事実です。しかし、ここを上手にナビゲートしていけば、きっとあなたに合う固有の教材が見つかるはずです。

学校で理系の勉強をしている時に苦手意識が身についてしまった女性は特に多いのではないでしょうか。それは女性の脳がどうのではなく、国の教育の失敗であると私は断言できます。男女問わず、あなたに苦手意識の鍵がかかってしまっているなら、それは後天的に植え付けられたものであると知ってください。そのロックを解除するコンテンツはすぐ近くに転がっています。

二〇二四年二月末の時点で宇宙飛行をした女性は七十五名います。私は数年前にスペースX社の民間宇宙船がISSにドッキングした時の実況動画を見ました。女性のチームリーダーがゼロGの状態で長い髪を解き放ち、まるでストップモーションでアニメートされたようにゆらめいていたのです。光を反射しながら浮遊する髪はサラサラでした。これを全世界の少女たちが見た瞬間を想像して、私は胸が熱くなるような感動を覚えました。イーロン・マスクは人として最低な言動が強めですが、今回は素晴らしい夢を見せてくれました。ありがとう、僕のイーロン。それ以来、Netflix でも Amazon Prime でも女性宇宙飛行士が登場する作品ばかりを追いかけています。

キーワード❸ リケジョ

二〇一〇年頃からメディアで使用され始めた新しい日本語。理系女子あるいは理工系女子の略で、数学、物理、化学といった理系分野の進路を選択し専攻している女子学生や、企業などで科学技術の研究開発に携わっている女性の研究者・技術者を総称する言葉である。茨城県立水戸第二高等学校卒業生が在学中に行った実験から得た化学現象の発見が、アメリカ化学会の専門誌に掲載された事象を「リケジョ」の快挙として報じた二〇一一年の出来事をきっかけに、広く一般的に「リケジョ」が知られるようになった。

若い男性よ「厨房に入る」べし

私はこの章に入ってから何度も何度も繰り返し、若い女性に「自分をもっと信じて、テンプレートからはみ出せ！」と檄を飛ばし続けてきました。

では、男性には何と言うのか？　それは一言「勝手にやってろ」です。男尊女卑の下駄を履かされていることを意識もせず、いや知ることもないままに「俺はがんばってる！」と自惚れるのは、もう噓の中の噓でしかありません。それで自分の成功した程度に応じて「いい女」をものにできるなんて信じていたらもう手遅れです。若気の至りならばまだ模索中で許せなくもないですが、大の大人になってもそのアングルで己に光を当てたこともなかったなら、もう努力しなくていいし何も変えなくていいです。新しい時代の邪魔にならないようにどいておいてくれれば、それでいい。今のはなんとなく、私自身に向けられた内容にもなっています。

男尊女卑の下駄を履かされていることに自覚的になれて、旧来の価値観に違和感を持っている若い男性には朗報があります。年齢を問わず今どんどん覚醒しつつある女性たちと話し合う機会を増やすと、まったく違うものの見方ができるようになるということです。ジェンダーを超えたコラボによって全体的なパイや新しい可能性がどんどん広がっていくのです。

若い男性にまず提案したいのは家事を自分でやってみることです。食事の材料や生活に関係する雑貨を買いに行ったり、洗濯や掃除を自分のものだけではなく家族の分もやったり、料理を作ったりしてみてください。一昔前までは、「男子厨房に入《い》らず」という諺がありました。それ、忘れましょう。

この本の筆者である私を筆頭に、日本のある年齢から上の男性たちの多く、特に長男の多くはお母さんに家を継ぐ跡取りとして大事に育てられ、「家事や手伝いなんかする暇があったら勉強しなさい」と背中を押されてきました。

私自身も高校二年の三学期から卒業まで家事をお願いされた記憶がありません。洗濯物か何かの紐の片方を「ちょっと持っていて」と頼まれたのは覚えています。その時も参考書から目を離す必要があったので、イラッとした顔をしました。今思えばその瞬間で、私の時間はフリーズしています。

その後、東京大学に合格したので下宿生活が始まったものの、わずか一学期で大学を辞めて渡米（というか帰米）し、ハーバード大学で寮生活が始まりました。つまり家事を逃げ切れたのです。大学での新生活でも食事はキャンパス内の大食堂で食べていましたし、トイレ掃除は奨学金と引き換えに働くクルーの学生がやってくれていました。さすがに洗濯だけはコインランドリーに放り込んでいましたが、卒業までは寮生活を満喫していたので個人的な範囲ですら家事もやらないまま生活できていました。

ハーバード大学を卒業した後、会社に就職せず両親のいる実家で暮らした時期もありました。ご想像の通りですが、家事は母親に全部やってもらっていました。その後に恋人と同棲したり、その次の恋人とも同棲しましたが、家事は彼女たちにそっくりやってもらっていました。いや、今から思うと身の周りの世話をしてくれそうな女性を探して優先的に付き合っていたのかもしれません。

だからこそ、今の若い男性たちへのアドバイスは、私を反面教師にしてとにかく早い時期から積極的に家事に参加してほしいのです。やり慣れないことにチャレンジすれば、自分の中で「素人感覚」を味わえます。安定した自尊心や優越感を保てる範囲をコンフォートゾーンと言いますが、そこから一歩出ることがすごく大切です。

ここからがさらに大事なことですが、伝統的に女性が受け持ってきた領域に男性が一歩踏み込むとかなりの確率で叱られます。例えば洗濯物の畳み方、特にシーツを洗った後の畳み方が下手くそだったりすると、「どうしてできないの？　教えたでしょう」と言われます。どうしてと言われてもほとんどやってこなかったから、仕方がない。「じゃあ今からやって」とシーツを返されて、なんとかもぞもぞとやっていると、「もういい。あたしがやるからお掃除して」と言われます。掃除機にスイッチを入れていると、「隅っこやドアの後ろもね」という声が聞こえるので、「オーケー」と返しながら掃除を始めることになります。掃除機の電池の充電をするタイミングを見計らうのは得意です。いつまで経ってもできないとまた言われてしまうので、言われないギリギリのラインを狙うようにしています。

と言ったところで私自身のことはいったん横に置きます。名門大への合格を目指して勉強ばかりしている高校生の男の子はおそらく家事をやらないでしょう。お母さんが勉強だけに集中できるように、その周りの生活環境をサポートしているはずです。でも、問題なのは名門大学に入っていわゆるエリートになるような人たちが家事に敬意を持てないまま社会人になっていき、そのまま家庭を持ってしまっていいのか、ということです。

全員が全員ではないですが、家事に敬意のない人は妻やパートナーが家事をやることを当然だと勘違いし、その対価である労働力を甘く、いや舐めて見ています。そんな優等生の男たちが現役で働いて「奥さんを食わせている」間はまだ良かった。ところが定年退職して十年、二十年、まだまだ人生は続く。かなり年を取ったタイミングで家事をずっとやってくれていた人がいなくなり、さて炊飯器も使い方がよくわからない。食事はコンビニ中心になり、家の中が次第にゴミ屋敷になって…という悲しい結末。そこから自分だけは逃げ切れるという自信、ありますか？

二〇二三年、内閣府が性別や年齢別の平均賃金を基に、家事に充てた時間に働いていた場合に得られた金額を推計しました。炊事や育児など無償の家事労働に充てた時間を賃金に換算すると、二〇二一年は百四十三兆円と過去最高になりました。四十年前に比べて三倍弱に膨らみ、名目GDPの三割弱にもなったそうです。

ここでの問題は、家事労働は市場を介して取引するサービスではないのでGDPには含まれないことです。一人あたりで見た家事労働の賃金換算額は女性で百九十四万三千円、年間活動時間は千二百八十九時間でした。それぞれ男性の三・二倍、三・九倍と大きく、家事の負担が女性に偏っていることがわかります。労働参加率の上昇で女性の平均賃金が上昇した一方で、この偏りはなかなか是正されていません。ここまで偏っていると労働、通勤、家事、育児、さらには介護もトッピングすると総計が膨大となり、働く女性はほとんど自分のための時間が取れない計算になります。

また、この試算における無償労働の内訳を見ると、最も大きいのは炊事で四十八・一兆円、次いで買い物が二十八・七兆円、掃除が十八・四兆円、育児が十五・八兆円となっています。特に炊事の金額の大きさは驚くべき水準です。

十九世紀のイギリスの経済学者デヴィッド・リカードが唱えた「比較優位」という考え方があります。ここで再び経済評論家の加谷珪一さんがFinTech Journalに執筆した記事から引用してみます。

経済学的に見た場合、男女の役割分担には相応の効果がある。

2名それぞれが収益を獲得するよりも、より高い付加価値を得られる方が収益獲得に専念し、もう片方がその業務を支援した方が生産性が高いケースはたしかに存在する。「有能な弁護士はタイピストを雇う」という例え話が有名だが、文書作成はタイピストに任せ、自身はより付加価値の高い弁護士業務に専念した方がトクになるという意味である(比較優位)。

だが、この例え話が成立するためには、両者のスキルや生み出せる付加価値に大きな差があることが前提条件となる。男女の雇用機会や賃金格差が縮小する社会では、両方が収益を獲得し、むしろ家事労働そのものを外注した方が経済効果が高い。現代はまさにそうした時代であり、世帯内で分業するのではなく、家事の一部を市場化した方が効果的と言える。(二〇二四年一月三十日 『専業主婦の仕事=無償』は超もったいない理由、金額にすると分かる衝撃の経済効果」より)

日本の「受験」は限定的な範囲での思考能力や瞬発力ばかりを執拗に鍛えるものです。点数のみで評価の順位が決まるので一見すると、絶対的に公平にも見えます。しかし、テストに出る問題をすべて解けたから「頭が良い」と結論を導くのは乱暴です。答えが確定している問題への答えを導く「技能」でしかないからです。世の中の問題はほとんどが複雑で、単純な答えなどありません。

また、ひたすら競争と順位を前面に打ち出す受験制度は社会勉強をする時間を犠牲にして、現状では男の子を優遇する仕組みになっています。それをずっとやってきて抜けられなくなった結果が、今の日本の教育制度と「失われた三十年」という経済的な損失です。

昭和時代は安くていいものを大量生産することが国家戦略でした。その中でならば受験を通じた文系、理系などへの人材の仕分けは理にかなっていました。男女の役割分担も揺るぎなく、これが生産コストを欧米に対して引き下げてくれました。しかし、グローバル化した世界でこの仕組みにしがみついても行く手には崖しかありません。

だからこそ、男子も若いうちから家事に積極的に参加することが重要な鍵になってきます。十年後への投資です。家族を手伝ったり家事に参加している方が高得点を取れるような評価の仕組みを学校教育にも持ち込めれば理想的です。

女子か男子かを問わず、文系と理系にまたがってのびのびと学問を志し、不自然な階層制度を持ち込まず、みんなで話し合って助け合う。そんな学校や教育制度になってほしいと願うばかりです。そこまで思い切って教育制度を再設計できれば、日本の長らく低迷してきた生産性は爆上がりするでしょう。

キーワード❹ 比較優位

経済学者だったデヴィッド・リカードが提唱した概念で、比較生産費説やリカード理論と呼ばれる学説・理論の柱となる、貿易理論における最も基本的な概念である。アダム・スミスが提唱した絶対優位の概念を柱とする学説・理論を修正する形で提唱されたもの。

互いに得意なことに専念して、不得意なことはそれが得意な人に任せて「分業する」と、全体の生産性が上がるという考え方である。絶対優位が労働量と資本力を大切にするのに対して、労働生産性を重視する。例えば会社の中で貢献できる技術をあまり持っていない人でも、自分の中で何か一つでもすぐれたものを見つけてそれに特化すれば、会社に貢献できる。

『ぼっち・ざ・ろっく！』が日本社会を変える可能性

男女格差の解消にも通じる話ですが、今後、女性ミュージシャンによるロックバンドが増えていくことを示唆するデータがあります。この数十年近くの間、社会のデジタル化が進んだことにより、ＥＤＭやヒップホップなどにロックが音楽の主流の座を奪われていき、エレキギターの売り上げは下がり続けていました。しかし、コロナパンデミック中のステイホームで一転、大リバウンドとも言える現象が起こり、なんと全世界で三千万人が新たにギターを始めたというニュースがありました。

日本でもかなりの数のエレキギターが売れており、老舗であるフェンダーが原宿に世界初の「旗艦店」をオープンしました。さらに一九六〇年代ビンテージ仕様の「Stratocaster」を日本の工場で蘇らせることになり、生産が始まりました。現在、長野の工場でオートメーション＋日本人の職人技で復刻版フェンダーを作っているそうです。

日本の場合、巣ごもりに加えてアニメ『ぼっち・ざ・ろっく！』の大ヒットも要因となったようです。『ぼっち・ざ・ろっく！』は極度の人見知りで引きこもりすれすれの「陰キャ」少女の後藤ひとりが主人公のロックバンドを描いた作品です。

ある日、ひとりは父と一緒に見ていたテレビに映ったロックバンドのインタビューがきっかけで、自分でも輝けるかもしれないという憧れを抱き、父のギターを譲り受けて押し入れの中で毎日何時間も猛練習するようになります。しかし、極度の人見知りのためにバンドを組むことすらできずに中学を卒業します。高校生になったら「絶対にバンドを組む」と意気込んだひとりでしたが、やはり友達さえ一人もできずにいたところ、偶然ギタリストを探していた伊地知虹夏に公園で声をかけられ、それがきっかけでバンドに加入することになります。

作品中に下北沢のライブハウス「SHELTER」、そのすぐ近くにあるヴィレッジヴァンガード下北沢店など、実在の場所や邦楽ロックの歴史へのオマージュ満載で、地域振興のタイアップが盛り込まれているのかと思うほど克明に描写されています。また、「結束バンド」のメンバーは後藤ひとりがリードギター、喜多郁代がギター／ボーカル、伊地知虹夏がドラム、山田リョウがベースとなっており、元ネタになっているアジアンカンフージェネレーションのメンバーは後藤正文がギター／ボーカル、喜多建介がギター／ボーカル、山田貴洋がベース／ボーカル、伊地知潔がドラムであり、アジカンもメジャーデビュー前には「SHELTER」によく出演していたなど、原作者がかなりアジカンのオマージュを入れていることもロック好きにはアニメ化される前から話題になっていました。

『ぼっち・ざ・ろっく！』はパンデミック中に世界の「ANIME」好きなZ世代のハートを摑んでしまい、二〇二三年に海外メディア「Anime Trending」が主催する「9TH TRENDING AWARDS（第九回アニメトレンド大賞）」で、アニメオブザイヤー（年間最優秀賞）を受賞。それのみならず、最優秀脚本賞を筆頭に多数の賞を受賞し、史上最多となる八冠達成という快挙を成し遂げました。

パンデミック明けに再開発が進んだ下北沢を訪れると、やたらとインバウンドの若い観光客が目立ちます。時間帯によっては駅周辺の細い道がごった返すほどですが、おそらくその一部は世界中から「聖地巡礼」に訪れた『ぼっち』ファンでしょう。『ぼっち』の中で「結束バンド」のメンバーたちがジャンプしながらアー写を撮影したその場所で、同じようにジャンプしている白人男性を目撃したこともあります。ロックの衰退期を目撃した自分としては、ついていけないスピード感です。

先ほども触れましたが『ぼっち・ざ・ろっく！』はギターの売り上げにも貢献したようで

す。作品内ではギブソンのレスポール・カスタム、ヤマハのPACIFICAシリーズのギターが登場するのですが、アニメ登場後から約二カ月間で、ヤマハの同シリーズ全体で前年比三〜四倍の売り上げを記録したそうです。また、フェンダー社の日本国内でのギター購入は女性が六割になっており、日本以外の国では五割であるところを上回っています。その理由は販売している側もよくわかっていないそうです。

日本では数多くの女性バンドが従来から活躍してきたという蓄積もありました。ゼロ年代には三人組のガールズバンドであるチャットモンチーがデビューし、彼女たちの影響でバンドを始める女の子たちも続出。またガールズバンドを扱ったアニメ『けいおん!』(二〇〇九〜二〇一〇年)もとても大きく影響しました。

そこに新たにパンデミック中の『ぼっち』が大ヒットしました。女性のギター新規参入に対する抵抗感がどんどん薄らいだようです。フェンダー社のインスタグラムやYouTubeチャンネルの登録者も、以前は男性が多くを占めていましたが、現在の男女比は半々になってきたと言われるほどです。

現在ギターを始めている女性たちに見られる新たな特徴の一つは、TikTokを熱心に使っていることです。TikTokで見た演奏に刺激されて自分でもやってみる。そこで出会った誰かとやりとりをしたり、場合によってはコラボもする。ツールも発達して敷居が低くなったことで誰でも気軽に始めることができ、気軽にアップロードができる環境があります。

さらに「Z世代」的なのかもしれませんが、ジミヘン、ヴァン・ヘイレン、ジミー・ペイジ、クラプトンなど偉大なギタープレイヤーのいる岩山の頂上を世界中の野郎どもが目指していた一九七〇年代や八〇年代とは打って変わって、過剰な競争心や闘争心をたぎらせない多様性のコミュニティーが形成されているのです。価値観が多様であるからこそ、たった一つのトロフィーを奪い合うこともないし、そもそも頂上を目指す必要もないのです。

かつてのロック全盛期とは環境が一変しています。演奏のお手本やチュートリアルに広くアクセス可能です（中でも日本人ギタリストが発信しているチュートリアル動画は、全体的にかなり質が高い）。録音・録画した自分の演奏をすぐSNS上にアップできて、学習の過程を簡単にシェアできます。ネットで繋がって友達も作れますし、他人の評価を過剰に気にせず、楽しく演奏をして達成感を得られる。それが今の楽器をやりたい人たちがいる環境です。まるでユートピアかと。

昭和時代には「不良」の象徴とされたエレキギターが、今やお父さんから借りて試し弾きするものとなり、なおかつクラスの半分以上が「結束バンド」や曲すらも知っている。

令和は昭和とは根っこから違うのです。そして、なごやかすぎる…このまま行くとギターやロックに情熱を注ぐ女の子たちが作っていくうねりが、そのまま理系学習にも飛び火するのではないでしょうか？

ライブハウスから宇宙ステーションまで広く繋がっていく「宇宙エレベーター」に期待し

ています。

日本はホモソーシャル、日本は村社会、日本は島国。だから変われないのだという「ガラパゴス論」がまことしやかに繰り返されてきました。ですが、それは積極的に探しに行っていない人たちの言い分、いや言い訳ではなかったかと思います。日本の若い世代、さらに世代を超えて縦断的に女性たちの意識には変化が訪れ、どの軸でスキャンしても「昭和」から離脱していっています。日々、新たな土壌が開拓されているのです。

日本の人口は年々減少しており、通貨が安くなっているのでインバウンドが劇的に増え、その分世界のマーケットに、より影響されやすくなっています。と同時に日本のアニメは世界を魅了しており、三兆円市場の五割は海外から来ています。

アニメは日本経済の牽引役としても期待がかかるようになってきており、経団連は二〇二三年四月の提言で漫画・アニメ・ゲーム・音楽などを含む日本発コンテンツの海外市場規模を二〇三三年に二〇二一年の最大四倍超となる二十兆円に引き上げる目標を打ち出しました。それを達成すれば自動車の輸出額（二〇二三年は十七・二兆円）を超え、日本の輸出額全体（二〇二三年は百兆円）の二割を占めることになります。アニメが自動車を超える。日本を単独で考えるのではなく、国際的な流れの中で捉え直すことの重要さがこの見立てからもわかります。

ただ、ここでさらに一捻り入ってきます。日本のアニメ業界は発展途上国並みに劣悪な労働環境が長らく指摘されているのにほとんど改善されていません。海外で大ヒットを出し続けているにもかかわらず、国内の制作現場は破綻寸前の有様です。末端では超低賃金と長時間労働が当たり前だと言われていて、これはどうなっているのか？

お金ではなく、「アニメ愛」のために身を粉にして働くことが当たり前の因習として受け継がれているからだと考えられています。かつて手塚プロがテレビ局に低予算でアニメ制作を売り込み、後にグッズで回収した先例があり、その時の相場が受け継がれてきたという指摘も聞きます。ただ、今や全世界に展開しているアニメ業界の中で、日本のワーカーが超低賃金と長時間労働に喘ぐ構図は、中国や新興国の低賃金労働者とほとんど同じです。本来、ウイグル人、中国の労働者、バングラデシュのミシン工場の女性たち、宅配ギグワーカー、その他大勢のプレカリアートと日本のアニメーターが連携して声を上げるべきなのです。

なぜそれが起きないのか？

『ぼっち・ざ・ろっく！』に彼らが感動するのは、引きこもりになった少女が生きる場所をバンドに見つけたという姿に少なからず自分自身を投影するからでしょう。この世界が誰にとっても生きやすい場所になってほしいという切なる願いがあるからです。そんな夢を与えてくれる「ＡＮＩＭＥ」のサプライチェーン、つまり制作現場がほぼ奴隷労働によって成り立っていると知ったら？

これまでの流れで推理するなら、世界のアニメファンが行動を起こさないわけがないのです。プレッシャーを受けるのは日本国内の大手だけではなく、配信企業も含まれます。そして、国際企業は世論には大変に敏感です。

アニメーターたちが苦しむ環境で作られた作品の配信が停止される。そんなリスクが見えただけで、日本側のステークホルダーはスクランブル状態で動くことでしょう。会社としてはその場しのぎで日本人の賃金をちょっとだけ上げて、貧困な国にアウトソースすることも検討するでしょう。しかしそれもすぐにバレます。おもしろいので試しに英語でアニメーターの日常を広く拡散してみてください。「#ANIME_Me_Too」。もうノー・チョイスの時代ではないのです。

ここで反論が聞こえてきそうです。日本の中だけで考えるなら、「所詮、『ぼっち』も萌え系アニメの一種で、見ているのは三十代や四十代の男が中心。オタクは深夜帯に流れる同人系の美少女が好きなだけで、フィギュアを集めることの方が大事なんだよ。アニメに『正義』なんて求めるもんじゃないだろ」と。しかし、もはや日本の中の話ではない。

世界的に配信される「ＡＮＩＭＥ」を受け止めているZ世代はもっともっとまっすぐだと思います。第一、平和ボケするほど平和ではないし、飼い馴らされるほど経済的にいい思いをしたことがないからです。極めてリアルな不公平や不条理が立ちはだかる中で一生懸命生き、『美少女戦士セーラームーン』や『ぼっち・ざ・ろっく！』からインスピレーションをもらっているのです。

世界も変わって日本も変わっている。日本では若い女性の投票率もじわじわと上がっています。女性がギターを弾いて、投票所に行くようになると男性も影響を受けます。投票率が上がれば、「自民党か、自民党以外の頼りない政党」という選択肢の乏しさも変わってくるでしょう。あるところから、あららら、というスピード感で変わっていく日本を想像してください。女性が搾取されない社会では男性も搾取されない。アニメーターは本来、ステークホルダーなのです。作品が儲かった分の配当をもらっていいのです。それがジャスティス、つまり経済正義。

キーワード❺ TikTok

二〇一六年九月に中国市場でリリースされた抖音（ドウイン）の国際版。世界的にもユーザーの年齢層は若く、二十四歳以下が過半数を占めている。フェイスブックなどのソーシャルメディアと同様に、依存症などの心理的影響をめぐる懸念や、不適切なコンテンツ、誤報、検閲、モデレーション、ユーザーのプライバシーに関して批判を受けている。また、中国共産党との関係など、国家安全保障の観点からアプリの利用に関する懸念が広く寄せられている。

意味のない一万回の「いいね」

前段のロックバンドの話にも関係することですが、楽器を弾いたり、あるいは絵を描いたり、手を実際に動かすことや運動をすること。これらがデジタルが普及したこの数十年で軽視されてきたきらいがあります。

漫画を描くならベタの部分はタッチペンで一瞬で塗れてしまう。わざわざ墨でベタを自ら塗っていく作業は、最近のプロのワークフローでは減ってきています。

音楽製作でも制作ソフトの進化が著しく、ドラムなどの打楽器は全部サンプルで打ち込むことができます。ＥＱからマスタリングまで自宅のスタジオ空間で大体のことができてしまうので、ワンタッチ度合いが増しています。仮歌であれば初音ミクやその延長のＡＩヴォイスで試作可能な領域にさしかかっています。

個人的には作曲家としてあまりに耳が鋭敏なので、サンプラーのピアノやギターを「本物の代わり」として聴くことは難がありますが、あくまで収録済みの「音の魚拓」をつぎはぎでコラージュしている、という意識で使っています。ですが、完成した作品を聴いて違いを感じ取れる人が年々減っている可能性もあります。

何の話をしているのかというとＶＲです。仮想空間の中で空間を飛び越えてアバター同士で交流したり、体験したりという方向が未来であるかのようにやたら宣伝されています。ただ、ゴーグルを被り続けるのはかなりしんどく、眼精疲労も伴います。それに加えてオンラインやVRにずっといる時の疲れ方が、普通の体の疲れ方と違うのです。

仮想空間における非日常性自体を楽しむだけならいいのですが、そこに生活の軸を移してもらいたがっているIT大手からのラブコールには無理なものを感じます。

全部ホログラムになればストレスがなくなる、といった言い訳はいくらでもあるのでしょうが、私があえて言いたいのは五感を使った方が日常における充実度は高く、結局のところ満足度が上だということです。文章もペンのインクを紙に落としていくと文面がまったく異なるものになります。

あなた自身の身体性と五感をしっかり使うことで自分自身の感覚に対するリテラシーを深めていくことが、世界中に行き渡ってしまったこのグローバル社会からの揺さぶりに対するカウンターになると思っています。自分の肉体の境界線を企業が少しずつ侵食しているような、妙な気分。そんな感覚が最近増えていませんか？　それに対するディフェンスがまさに自分の五感を使うことなのです。

この本では、これまでデータや報道事例など「裏取り」できる話をかなりしてきました。この章では少し私の主観でお話をさせてください。

五感を使わず、体を動かさず、ショートカットを生活に取り込んでいる人ほど精神的に折れやすいんじゃないかと思っています。なんとなればいろいろなことに泥くさくチャレンジしたり、知らないジャンルを学んだりするのは肉体的にも精神的にもしんどいからです。

例えば今、私の端末のすぐ近くにエレキギターがあります。一九七八年にサンフランシスコで手に入れたフェンダーのムスタングです。十五歳だった私が母親を「ギターセンター」という大型店に連れて行って、しぶしぶ買ってもらったものです。高校時代はずっと弾いていましたが、大学受験の最後の半年間は「本気を出す」ためにケースに入れてロープでぐるぐる巻きに縛って勉強に集中しました。その時のムスタングをこの数年間ずっと弾いています。弾かなかった年月への禊ぎの意味を込めて、有料動画を見ながら学び直しもしました。ウルトラ速弾きに挑戦し、その結果腱鞘炎になったりもしましたが、大物ロックギタリストがジャズに傾倒した時期に腱鞘炎に苦しんだという話をオンラインで読んで慰められた次第です。ドミナントや裏コード（英語ではトライトーン・サブスティテューション）という概念を初めて知り、ハードコア・パンクの曲の多くはフリジアンというモードを使っていることも今になって知りました。

話が少し広がってしまいましたが、あるスタイルのギターを弾けたつもりになっていても、あえて未知のスタイルにチャレンジすることで改めてギターが「弾けない」あるいは「拙い」と感じる体験をし直せるのです。その過程で屈辱をも感じます。それこそが大事なのです。

至らなさを五感で、全身で引き受ければ、失敗したことも「自分の失敗」つまり自分のものにできるからです。失敗しても「UNDO＝Ctrl+Z」しない権利です。コスパやタイパを優先するのなら、そもそもギターを弾かなくてもいい。サンプル集で代用したり、プラグインのバーチャルギターにMIDI情報を打ち込んだり、望むサウンドに限りなく近いフレーズをAIパワードの検索で探せばいいじゃないかということになります。検索する能力で、やたらと地味な練習時間をショートカットできるわけです。

しかし、それだと、なんか違う。出来上がったものを聴いた人が気にしなくても、私の中では永遠にその違和感と後悔が残ってしまう。その違いが聞こえてしまうのがミュージシャンであり、最終的には自分の納得があまり行かない演奏と曲をすり合わせ、ポスプロ（最終編集）で最善を尽くすことになる。

コスパやタイパとは真逆である、このやたらと回り道なプロセスが私を育ててきたんだと思っています。キング・クリムゾンのロバート・フリップのように極端に早くて、かっこいい電子音で、何のスケールで演奏しているのかさえわからない、それでいてピリッとしたギターソロを弾けたらいいな、とこれまで一万回ほど思いました。いや、一万一千回ほど。「エレファント・トーク」という曲の中で数十秒流れる、真似できない中東風のリードに今でも憧れています。しかし、私は私なりのロバート・フリップに対する返答を編み出さなくてはならなくなり、その過程で自分自身を知る、という出会いもありました。

答えが0と1で出せない不自由な作業に自分からわざわざ飛び込んで、反復するうちにほんのちょっとずつ不自由さが減っていくという経験をすると「これはおれが自分で摑んだもの」という手応えがあります。おれ自身の「味」です。

そしてこの瞬間、とうとうYouTube動画で「エレファント・トーク」のライブ動画を見ました。四十年間「耳コピ」だけで理解しようとがんばってきましたが、諦めました。そうしましたら、ずっとロバート・フリップだと思っていたギターソロが参加メンバーのエイドリアン・ブリューだということを知りました。しかも人間業を超えた運指が、ピックでフレットを押さえる小技だったことがわかり、脱力しています。ち、ちきしょう。あかんわ、こりゃ…。

もう一つ生々しい事例を言いましょう。ジミ・ヘンドリックスの「ヴードゥー・チャイルド（スライト・リターン）」という曲があり、スタジオ録音版やライブ版があります。そこでワウペダル（周波数帯を変えるエフェクター）を使ったヘンドリックスのトーン（音色）があるのですが、これを歴代の著名なギタリストたちがみんなカバーしてきました。私はYouTubeで網羅して聞きましたが、どれも最悪です。スティーヴィー・レイ・ヴォーンも含めてみんなダメでした。

自分でも何が最悪なのかわからないのですが、私には聞こえるヘンドリックスの絶妙な音色の設定やフレーズの溜め方、および指板を押さえる力の組み合わせを超えていない。あくまでヘンドリックスへのオマージュや「みんな、この曲を知ってるよね」というファン心理が満載で本物に迫ってないと感じるのです。

フェンダー社も公式チャンネルで何十人ものギタリストにこの曲を演奏させています。ナイル・ロジャーズ以外は誰も近づいてもいないし、何か別のものになってしまっています。みんな「ヴードゥー・チャイルド」の何を聴いてきたのかという、「お前ら舐めてるのか」という怒りにも似た感情が湧いてきてその都度「そっ閉じ」しています。

こんなことを言っていると原理主義だと思われるかもしれません。もしジミヘンが今、目の前にいて別バージョンを演奏したら「それじゃない！」と言って怒るぐらいにファナティックなのか、と。いえ、そうでなくて本当に聞こえているんですよ。ジミヘンの摂取したLSDのフラッシュバックもうっすら込みで感じ取れるほどにです。テレパシーと聴覚がクロスオーバーしたかのような、チョーキングをしたマイクロトーンが私にはくっきり聞こえています。

この食いつくような五感の経験をなるべく多くの人にしてほしい。考えることと同じくらいに感じることが重要です。ギターだったら聴覚や指の感覚だけでなく、呼吸まで感じ取れる。こういうディープなダイブが体と心を繋ぐブリッジにもなるんじゃないかと思っています。そして、新たに押し寄せるチャレンジへのクッションにもなるはずです。「いいね」を一万ぐらいもらったツイートをしたことも何度かありますが、全然、この領域に及びません。かっこいい一言を言わせてください。「いいね」を一万もらっても、全然嬉しくない。

同時に逆説的なことも一緒に申したい。ヒップホップのダンス・ムーブであれＤＪ技であれ、演奏であれ、あるいはメイクであれ、今はインストラクション動画が山ほどあります。自分が求めているものによってはピンポイントでなかったり、有料になったりもしますが、あなたが求める「何か」が、すぐ近くに転がっています。

そして、ネットのおかげで急な崖を駆け上がらなくても、なだらかな山の尾根を少しずつ登っていくように学んでいけるようになりました。レコードやカセットテープを聞いて「耳コピ」していた時代より遥かに無理なくできます。「自分は下手だなあ」と思う人でも、近いスキルレベルの人に出会って勇気や自信を得られるし、傷さえ舐め合えます。

私は自分が本当に求めているインストラクション動画を見つけた時にはなるべくお金を払うようにしています。『ぼっち・ざ・ろっく！』の中で人見知りの主人公が押し入れの中に入ってギターを習得していく過程がありますが、あれはリアルです。日々続けているだけである時、急にレベルアップする。ゆるやかに蓄積された経験値が一定のラインを越えると、それまで弾けなかったスタイルやフレーズが簡単に弾けたりする。というか、「なんでこうなっているのか」が急に景色のように見える。その時の感動と興奮はあなたを新しいチャレンジに向かわせる原体験にもなります。

今から楽器でもダンスでも漫画でも始めようとする人は、まさに国会図書館みたいな膨大な情報量の、自分が知りたいものが検索エンジンの向こうにあるということを知ってください。そこへ最初に行くための好奇心やきっかけさえあれば門をくぐれます。

あなた自身の五感を駆使して物事を経験すること、生々しい苦痛や快楽を味わうことだけが、変わり続ける世界に対しての最大の攻めにも防御にもなります。五感、捨てたもんじゃないです。ゆるくやってもいいし、私のような狂気の世界への入り口に立ってもいい。五感から始めましょう。

キーワード❻ コスパ／タイパ

コスパはコストパフォーマンスの略であり、支払った金額に見合う効果や満足度、「費用対効果」を意味し、広く浸透している概念。タイパはタイムパフォーマンスの略であり、投じた時間に見合う効果や満足度、「時間対効果」を意味します。元々はコスパは主に「ゆとり世代」が二〇一〇年代頃から盛んに口にするようになり、タイパはZ世代を中心に使われるようになり、二〇二二年の三省堂が主催する「今年の新語」大賞に選ばれたことで話題になった。

自分の能力を磨くことで生き抜いていく

「宇宙飛行士になりたい！」と小さな女の子が夜空を見ながら言ったとします。それを聞いた両親は何と言うか想像してみてください。中国の富裕層の親ならば、「それは素晴らしい夢だね。きっとなれるよ」と言うでしょう。子どもの無限の可能性を伸ばそうという環境でないと、子どもはそもそも夢自体を抱きにくいものです。何があっても映画『エイリアン』のように腹を食い破って出てくる才能もごく稀にありますが、それは例外中の例外です。

これからの子どもたちが活躍するためには、まずはその親世代が男尊女卑や文系・理系、学歴などの呪縛から解放される必要があります。世界中の裕福な人たち、つまり勝ち組は環境それ自体がシフトしていることを察知しており、だからこそ子どもの未知なる可能性であったり、規格からはみ出した才能であったりを潰さないように後押しして、一緒に汗を流します。イノベーションは既存のお手本の外で起こる、ということを熟知しているからです。

裕福な層は世界の総人口八十億のうち数%しかいませんが相当な数になります。そういう人たちは家に女の子が生まれると、サイエンスから芸術まで徹底してバランスの良い教育プランを立てる傾向があります。ガールズバンドであっても宇宙飛行士であっても、時間とお金を投資して力いっぱい応援します。

さて、そこまで子どもの個性に特化した機会を与えられない中産階級の家庭ではどうでしょうか？　中産階級の親もそれなりに学習塾やおけいこなどにお金を注ぎ込んで、将来の子どもの競争力を上げようとします。ただし紋切り型で競争本位のお受験だと、先述したように受験の仕組みにたまたま相性の良い能力を発揮する子ども以外は窮屈な思いをすることになります。つまり、中流以下の多くの子どもにとって勉強の過程は苦痛と我慢の連続になってしまいます。それぞれの子どもが秘めた可能性が芽生える前に自信を失ってしまい、意欲がなくても最低限を満たすためにさらに我慢して勉強するという悪循環が生まれます。これが「悪しき先進国パターン」です。

一方、新興国ではそうも言っていられません。海外に働きに行くことも含めて将来に備えるしか選択肢はない。それがわかっているからこそ、中国の富裕層は徹底して子どもの教育に投資する傾向にあります。それらが加熱した結果、中国のオンライン教育産業は急成長しましたが、二〇二一年に中国政府はオンラインなどでの家庭教師を事実上禁止しました。国内の格差が広がり続け、オンライン教育を受けた子どもたちの成績が庶民の子どもに見る見る差をつけていったからです。特に英語教育に関して、中国政府は「海外の家庭教師から政治思想が刷り込まれるのではないか」と疑ったようです。なんでも統制するのが好きな中国政府は、とにかく動くのが素早いのです。

しかしながらこれは中国に限定した話ではありません。日本でも隠れたトレンドとして、富裕層の子どもたちは幼稚園の頃からインターナショナルスクールに通っています。インターナショナルスクールの月謝は庶民の手が届かない価格帯になっています。一つの抜け道として都内のインド人の子どもが通う学校に子どもを通わせている日本人の話も聞いたことがあります。

では、高額の教育投資をできない場合はどうすればいいのか？

重要なのは、親と子が対話して一人ひとりの子どもが何をすれば自分独自の才能を伸ばせるのかを見極めることです。最初にかける手間が違いを生むことになるでしょう。紋切り型の教育だけだと、がんばっても最終的にはリプレイス可能な労働力、悪く言えば消耗品になってしまいます。入れ替えが利かないプラスアルファをアピールできる人になる。それが勝ち続ける秘訣＝勝利の方程式となります。

幼い頃から自分に一番合った学習法を身につけられれば知識も無理なく吸収できて、学習メソッドそのものを自己改善もできます。要するに教育のプロセスを自身にカスタマイズさせれば、それほどの資産を持たなくても大躍進できる可能性が高まります。

子どもが思春期を迎えて体と脳の奥から湧き出てくる「生命力のジュース」を活用すれば、さらなるターボスイッチを押せます。問題はフォーカスを維持することです。肉体的な若さゆえの野放図なパワーと感情の揺れ。その諸々をギュッと流し込む先を見つけられれば、生き抜くためのフォーミュラを子どもたちは手にすることができます。子どもだけでは無理なのでコーチやメンターがどうしても必要ですが。

世界中の金持ちがやっているのは、子どもに「あなたらしく生きなさい」と教えることです。だから彼らは何世代にもわたって金持ちで居続けているのです。

キーワード❼ 中国のオンライン教育

二〇一八年には正式にオンライン教育が政府の監督下に置かれ法整備が進んだ結果、中国のオンライン教育市場は毎年20％以上の成長を続け、二〇一八年には二千五百十七億元と世界最大規模となった。しかし一方、子どもたちや保護者間での競争激化、教育コストの増大も進んだ。

スマホ依存、やめれば？

自分に一番向いているものは何か？

その問いについて知るために一番手っ取り早いのは、日本以外の社会に身を置いてみることです。しかし、今の日本は円が安くて若者は近年稀に見るほど余裕がありません。まずは日本にいる自分の境遇がバングラデシュ、中国の深圳《しんせん》、メキシコなどの工場で過酷な労働を課せられて身動きが取れない人たちと大差ないのだと自覚すること。最初から不利な立場にいるのだということを知りましょう。

日本はすでに一枚岩の「先進国」ではなく、一部の富裕層が暮らす「先進国」エリアとその他大勢の人が暮らす「途上国」エリアへと分離しつつあります。南アジアや東南アジアの新興国より自分たちの生活水準は遥かに上だという幻想、親世代から受け継いだ先進国なんだという思い込みは捨てて、現実を再インストールしましょう。受け身だとひたすらワーキングプアに押し下げられていくだけ。それが今です。

この現状をどうやって打破するべきなのか？

例えば日本で元気いっぱいに働く若いバングラデシュ人やベトナム人と仲良くなるのはどうでしょう。彼らと触れ合う機会があれば、「自分とは違う人たち」という先入観が払拭されます。仲良くなって一緒に遊びに行ったりするぐらいの関係になれたら、その経験は残ります。異文化交流で得られる知見は世界中どこに行っても役に立ちます。反対にずっと人見知りをしていると、短期的には居心地がいいのですが、その裏で自分の中に眠っている可能性に出会う機会が失われます。

コンビニで働いている外国人に挨拶するなど、気軽なところからなら誰でも始められます。「お疲れ様」「ありがとう」の一言でいいんです。外国人の友達がいるだけでオンラインの簡単すぎる「日本人vs外国人」という対立構造に絡め取られにくくなります。

どのみち資本主義の力学によって、これからの日本は多民族社会に変貌していきます。押し流されていくと言った方が正しいでしょう。その流れが「好きか嫌いか」といった狭い話ではなく、そこから生まれるチャンスを先んじて取りに行く。これが重要な視点です。

かつては「一億総中流」という幻想がありました。それはもう「平成」という時代の頃に消えてしまったのです。過去の栄光を懐かしがり、待っても来ない「次のバブル」を期待する人もいます。待てども、ゴドーは来ない（ご参考までに劇作家サミュエル・ベケットの『ゴドーを待ちながら』という戯曲の名作があります）。

日本のＧＤＰはドイツにも追い越されました。ただ、同時にＧＤＰだけではよく見えない、もう一つの物語もあるのです。それは国の順位にかかわらず、全世界が共通の階層に分かれつつあるという考え方です。世界の「グーグル化」です。

ロサンゼルス、デリー、バンコク、東京。どこにいても資本や資産、そしてチャンスはどんどんとストローで上の富裕層へと吸い上げられてしまっている。トリクル・ダウンではなく、いわば「トリクル・アップ」。ケーキの一番おいしいところは世界の数％へと分配され、残ったパン屑を世界の大多数が奪い合うという地獄絵図が、あなたには見えているでしょうか？

ピラミッドの上にある目玉が、まさにグーグルアースのような視点ですべてのものを見ていて、ＡＩで個々人を追跡しながら「最適化」という一律の価値基準に基づいてアルゴリズムを作動させています。我々一人ひとりが自分の人生において最大限に満たされるための最適化ではなく、数％よりもさらに小さな一握りの超大富豪たちが有利であり続けるための最適化です。自分がスマホを操っているつもりが、スマホに自分が操られていたでござる、というお話です。

かつて写真機が発明された時、魂が写真に奪われることを恐れた人たちがいました。そんな心配は迷信だと、文明国の人たちはみんな思いました。でも、現在の私たちの魂はカメラ付きのスマホにシュッと抜かれていっています。

スマホ画面が見せてくれるアイキャッチに心を掴まれ、楽しんだり期待したり推し活したり、あるいは不安に襲われたりしながら、ウェアラブルなテーマパークをすっぽりと被っている。と同時にスマホの向こうで、というか中で、あるいはクラウド上で動作するアルゴリズムの設計者たち、つまり「向こう側」にいる「ピラミッドの目」の都合に適う集団行動を繰り返している。しかも数百ミリ秒おきに個人データを無償で渡し続けている、そんな状態です。世界の「グーグル化」のパペット、つまり操り人形となり、さらにはそれが楽しくなって依存してしまっている。囚われの状態から脱出するためにはスマホを手放すか、見る時間を短縮してしまえばいい。ただ、それをほとんど誰もできなくなってしまっている。何なんだ、この気持ちの良いプリズンは？

薬物であってもギャンブルであっても依存症の初期段階では、自分はそれほど依存していないと思い込みます。自分の意志でやっているのだから、いつでもやめられるんだと。それが大間違いで、どうなるかは広く報道されている通りです。そんなものです、依存は。だからこそ、ここでスマホ依存だと認めてしまいましょう。スマホは本当は、便利じゃない。

「グーグル階級」と「その他」に分離する現象は日本だけではなく、すべての先進国で起きています。いずれ景気が良くなれば中産階級が自然に復活すると考えるのはナイーブすぎます。全体の設計が変更されてしまっていて、元には戻らないんです。将来へのチャンスも含めた、広い意味での「資産」はリテラシーの高い一部のスーパー富裕層に向けて、構造的に吸い上げられていく。その富裕層は「自分たちが努力した結果、当然の報酬を得ている。つまり自分たちの豊かさは倫理に適ったものだ」と思っている。

上昇機会を失った人たちの前には「能力主義」が立ちはだかっています。しかしよく見ると、それほど能力がないのに、あるいは富裕層に生まれただけである程度の富と権力は維持できている一族が、そこかしこに点在しています。

トランプ一族はどうしてもそう見えてしまいます。自分たちに都合よくルールを変更するためなら法律や民主主義を曲げることも辞さない。日本でも創業者一族に生まれたばかりにドラ息子が努力せずにリッチなライフを保証されるケースが散見されます。巨龍中国においても各地方で共産党幹部の一族が富をほしいままに横取りし続けています。時々習近平体制の「反腐敗キャンペーン」で申し訳程度に捕まり罰されますが、収奪が根絶されることはありません。

先進国の所得分布の形が、上だけ尖ったキスチョコのようにだんだんなっています。新たなカースト社会のわかりやすい図でしょう。

一方、貧困国ではご飯が食べられないほどに貧しさが広がり、社会インフラが麻痺して飲み水すらも足りない。西アフリカ諸国のあちこちでは下水道もちゃんと整備できず、町に糞尿が溢れて病気が蔓延してしまう。衛生環境が劣悪なスラムで赤ちゃんが生まれても感染症で死亡する確率が高い。加えて全地球的な気候変動で作物も打撃を受け、サハラ以南のアフリカに住む人たちは仕事を求めて国を離れ、命がけで密航してヨーロッパへ向かいます。

他人事とは思えません。来年の日本にだって起こりうる展開です。北朝鮮の体制が予告なしで崩壊したら韓国は難民を吸収しきれないでしょう。北朝鮮の対岸にある日本は、海岸線が広がっている。したがって防衛も警備もゆるい日本がデスティネーションになるだろうことは想像に難くありません。

産業革命後、十九世紀のイギリスで作家のディケンズが小説に描いたような、児童が働く過酷な工場と過密なレンガ建築のスラム街。そんな光景に世界はともするとスライドして行っているように見えます。

もちろん、そっくり同じことが起きているのではありません。十九世紀には資本家や王族の家に生まれた子どもだけが帝王学のような教育を受ける機会に恵まれ、労働者階級に生まれた子どもは文字を覚えるのがやっとでした。それに比べて今の時代は不公平なデバイドの下にいる人でも富裕層が受けるクオリティーの教育を自分に施すことが可能になっています。

ただ先進国の格差の下にいるとメンタルをやられるので全体にしんどくなってしまい、手っ取り早い娯楽に手を出してしまう。その数々の娯楽は決まって依存性が高いものばかり。うっかりしていると受け身なまま、あっという間に何年も時間が飛んで行く。その間に実質賃金はマイナスへと推移。

受け身なままでいるとスマホやタブレット端末は「ＡＩ小作」へのポータルになってしまいます。ですが決意して「運転席のハンドル」を握ったならば、これをすべてひっくり返すことができます。覚醒のスイッチを入れれば、あなたもその瞬間から王侯貴族のマインドセットなのです。

何をしたいのか、その方向性がはっきり見えていれば、無数のポップアップ広告に心を奪われることはありません。押し入れの中ででもギターは練習できる。不器用でも、いや不器用だからこそ他人が通ったことのない道を行ける。五感すべてで一つひとつの失敗を糧にできる。イーロン・マスクやジャック・マーはあそこにいるけど、あなたもここにいる。何も違わない。一つだけ違うのは、彼らは「自分がやれる」とわかっていることだけです。

あなたが何かをやりたいと本当に思っているなら、その夢はおそらく実現可能です。脳裏に閃いた欲望と野心をしっかりと味わってください。そして追いかけてみてください。

その一歩で世界は変わりますから。

キーワード❽スマホ依存

スマートフォンの使用を続けることで昼夜逆転する、成績が著しく下がるなどさまざまな問題が起きているにもかかわらず、使用がやめられず、スマートフォンが使用できない状況が続くと、イライラし落ち着かなくなるなど精神的に依存してしまう状態のこと。スマホ依存症の症状・特徴としては、集中力・記憶力の低下、肩こり・腰痛、睡眠障害、うつ病、最悪の場合認知症に至るなどがある。

あとがき

グローバル化によって世界の相互依存が深まり、局地的におきた問題が全世界へと波及する時代になりました。ロシアのウクライナへの侵略が原油高と食糧難へと連鎖し、原発の多くが停止したままの日本では原油の高騰が生活を直撃します。物価が上がり、株価は記録的に上昇するも、大多数の人の実質賃金は下がりっぱなし。

円安も相まって日本国内では富裕層とワーキングプアの格差が加速度的に拡大中。倍働いても倍報われる環境ではなくなり、不公平感が広がっています。さらに日本の若い世代には社会保障の負担が重くのしかかり、雇用環境もまっしぐらにギグワーク化へと向かっている。

昨今の日本経済は総じて、弱い。昭和の壁が立ちはだかり、男女のパリティー、国際化、多様性を通じて生産性を上げることが喫緊の課題なのに政治も経済界も消極的にしか取り組んでいません。投票しても何も変わらないという無力感も定着している。

その閉塞感から生まれる憤りは日々の炎上騒ぎへと流れ込み、次々と登場する「不心得者」に向けられます。しかし悪者探しをしているだけでは、中産階級の空洞化を止めてくれる抜本的かつ構造的な解決案は見つかりません。

トランプ運動に始まる扇動型の世直し運動はこれからも頻繁に起こり、かんしゃく玉のように小爆発を繰り返すでしょう。しかし世界中の経済システムが連結した結果、一番低賃金で劣悪な環境にいる途上国、独裁国の労働者たちと先進国の労働者が競合させられるという構造は、逃れられないものになっています。そこから生まれる「安さ」に先進国の人が依存してしまっている以上、経済的な「国境封鎖」はもうできない。

日本社会が一つの価値観で「一丸となって」がんばっていた昭和。その時代の経済モデルは大成功をおさめ、アメリカの高名な学者に「ジャパン・アズ・ナンバーワン」とまで礼賛されました。「日本はすげえな」と全世界が唸った。今思えばそのサクセスもさまざまな条件がたまたま折り重なった結果だったのですが、その時「日本経済の無敵神話」が生まれてしまい、以後、システム全体が硬直してしまいます。

日本の自動車産業やエレクトロニクスがアメリカやヨーロッパの市場に殴り込みをかけ、席巻した背景には当時の欧米の硬直した経済構造がありました。その裏をかくように日本企業は政府とスクラムを組んで臨機応変に戦略を変えながら攻めの姿勢を維持。燃費が良く、壊れない一回り小さな自動車、そしてエレガントでわくわくする機能を持つ電化製品を次から次へと投入していったのです。

一方、日本人の高い生産性のバックボーンになったのが早い年齢から理系と文系に振り分け、受験によって能力をランク別に振り分ける一律の教育システム、そして男女の役割を厳然と稼ぐ夫、家を守る妻に振り分けられる雇用体系でした。みんな画一的な教育を受け、集団行動がうまく、流れ作業の製造業には最適だったわけです。

ところがいっときは日本勢の攻め込みにひるんだアメリカ経済も官・学・民・軍が一体となってデジタルのイノベーションを推し進め、九〇年代にはＩＴ革命がもたらされます。画一性よりもむしろ多様性が力を持つ価値観のシフトが世界のマーケットで起こりました。しかし日本は三十年間「昭和マインド」に囚われたまま変革を嫌い、イノベーションが滞り、今や国のデジタル赤字は極大化、人々は「ＡＩ小作」に陥っています。

ただ、これで日本が静かな死を迎えるとも思えません。世界と繋がった価値観で日本のＺ世代も育ち、すでに多様性を当たり前の現実として受け入れています。環境、人権、格差への敏感な意識は今後Ｚ世代を後押しする起爆剤となるでしょう。日本社会の埋蔵金、つまり「イノベーション＋伝統継承＋スタミナ＋おもてなし」は再び、必要に迫られる形で発掘されると思います。問題は、あなたがこの新たなビッグ・ウェーブに乗れるかです。

多様性とは何か？　自由になって、生きたいように生きればいい。それが自分も世界も幸せにする、という考え方です。自由とは誰かが与えてくれるものではなく、自分で勝ち取るものです。その自覚こそが自由の始まりです。

柔軟な心があれば、チャンスは必ずやってきます。どうぞ羽ばたいてください。

モーリー・ロバートソン

二〇二四年八月

モーリー・ロバートソン　Morley Edmund Robertson

1963年生まれ。国際ジャーナリスト、ミュージシャン、コメンテイター、DJといった多岐な分野で活躍。日米双方の教育を受け、1981年に東京大学とハーバード大学に同時合格する。日本語で受験したアメリカ人としてはおそらく初めての合格者。東大、ハーバード大学に加え、MIT、スタンフォード大学、UCバークレー、プリンストン大学、エール大学にも同時合格。東京大学を1学期で退学し、ハーバード大学に入学。電子音楽とアニメーションを専攻。アナログ・シンセサイザーの世界的な権威に師事。1988年にハーバード大学を卒業。2001年「情熱大陸」でフィーチャー。2005年ポッドキャストのパイオニアとなり、ネットでラジオ番組「i-morley」を配信。ニフティ社から「Podcasting Award」を受賞。2021年に富山県氷見市政策参与任命。2024年に広島大学特別招聘教授授与。

日《にっ》本《ぽん》、ヤバい。

「いいね」と「コスパ」を捨《す》てる新《あたら》しい生《い》き方《かた》のススメ

2024年10月30日　第1刷発行

著　者　モーリー・ロバートソン

発行者　大松芳男

発行所　株式会社 文藝春秋

〒102-8008

東京都千代田区紀尾井町3-23

電話　03-3265-1211㈹

DTP　エヴリ・シンク

印刷所　大日本印刷

製本所　大口製本

定価はカバーに表示してあります。万一、落丁乱丁の場合は
送料当社負担でお取り替え致します。小社製作部宛お送り下さい。

　ISBN978-4-16-391912-6　Printed in Japan